Colección RED

Refuerzo y Desarrollo de Habilidades Mentales Básicas

**Nivel Iniciación**

# Orientación espacial 1.3

Carlos Yuste Hernanz

icce

**Colección RED - Renovada**
Refuerzo y Desarrollo de Habilidades Mentales Básicas

**Nivel Iniciación**
**1.3 Orientación espacial**


www.icceciberaula.es

ISBN: 978-84-7278-507-6
D.L.: M-24175-2019
2ª impresión

Autores: Carlos Yuste Hernanz

Coordinación editorial: Miguel Giráldez
Producción editorial: Diana Blázquez

Ilustraciones: Juan Antonio Celada
Imprime: Gramadosa

Impreso en España/Printed in Spain

En razón de simplicidad, utilizaremos el concepto genérico de "niño", sin que ello suponga ningún tipo de discriminación entre los sexos.

# Presentación

Después de cuatro décadas de la aparición de los primeros volúmenes de la *Colección RED,* presentamos esta nueva edición, revisada y actualizada. Ello supone un motivo de profunda satisfacción al comprobar que los *cuadernillos del ICCE,* como familiarmente se les denomina, siguen estando a la cabeza y en primera línea sin que hayan sido superados en su género y calidad. Así lo demuestra la cantidad, superior al millón, de ejemplares distribuidos. Detrás de cada uno de los cuales se esconden cientos de millares de alumnos, anónimos, que se han beneficiado de ellos.

Comprobar que un amplio número de niños han sido ayudados en sus dificultades de aprendizaje por esta obra editorial que por su difusión puede calificarse, sin ningún tipo de presunción, de verdadero *best seller,* es un motivo de satisfacción y la mejor paga y recompensa que una obra puede proporcionar a quienes la concibieron, editaron, revisaron y perfeccionaron en sucesivas e incontables ediciones y reimpresiones.

No cabe duda de que mantenerse en primera línea durante cuarenta años en un mercado editorial altamente competitivo y extenso como lo es el actual, constituye el mejor argumento y evaluación que avala, con toda contundencia, la calidad de esta obra de la que nos sentimos plenamente satisfechos y orgullosos. Pero esta calidad no es mérito solo ni de sus autores ni de sus editores, sino de la cantidad de usuarios y amigos que con sus juicios, opiniones y valiosas observaciones, nacidas desde la práctica y para la práctica, han ido haciendo posible su puesta al día y renovación constantes.

Pero esta aludida calidad de la obra se ha comprobado, además, en algunos estudios (una tesis doctoral y un estudio cuasi-experimental) en los que con un diseño y secuencia de actuación *pretest/intervención/postest,* llevados a cabo en grupos de alumnos con problemas o dificultades de aprendizaje, pertenecientes a una muestra de varios centros educativos, han concluido que los grupos experimentales conseguían importantes ganancias, estadísticamente significativas, con respecto a los grupos de control. Lo cual viene a corroborar lo que numerosos psicopedagogos y maestros habían comprobado ya empíricamente en las aulas.

Es nuestro propósito con esta nueva edición seguir ofreciendo un material de estimulación, apoyo y refuerzo a ese considerable y nada despreciable porcentaje de alumnos que presentan necesidades educativas específicas o dificultades de aprendizaje en alguna dimensión madurativa o curricular, a los que la escuela debe ayudar con una detección temprana y un oportuno tratamiento capaz de compensar, neutralizar o solventar, hasta donde sea posible, unos obstáculos con serias repercusiones para los alumnos que se ven afectados por ellos en su trayectoria escolar.

Con esta intención, esta renovada edición sigue, creemos, actualizándose, adaptándose y respondiendo a las nuevas demandas y exigencias curriculares, pero sin renunciar al propósito inicial que siempre tuvo presente y alentó su creación, la de ofrecer un material:

- Surgido y basado en los hallazgos y aportaciones de las actuales corrientes y avances psicopedagógicos.
- Eficaz y experimentado, ampliamente, en la práctica docente.
- Funcional, sencillo y fácil en su uso y aplicación.
- Variado en las actividades de ejecución que propone.
- Activo, lúdico y motivante para el alumno.
- Con demostrada eficacia para estimular, apoyar, compensar o reforzar a alumnos con necesidades educativas específicas o dificultades de aprendizaje en algunas de las dimensiones más instrumentales y básicas contempladas en el actual currículum o en la dinámica de su evolución personal.

Confiamos en que esta nueva edición que ponemos en manos del buen hacer y amplia experiencia de los educadores, maestros, profesores de apoyo, padres y psicopedagogos, contribuya, facilite y ayude a cualificar haciendo más eficaz y eficiente su encomiable y dificultosa tarea educativa. Para todos ellos nuestra gratitud, afecto y reconocimiento más sincero.

*ICCE*

# Orientación espacial 1.3

## OBJETIVOS ESPECÍFICOS Y UTILIZACIÓN DE ESTE CUADERNILLO

### 1. NECESIDAD PEDAGÓGICA

Habitualmente, la práctica psicopedagógica, en los primeros ciclos de Educación Primaria, se ha limitado a diagnosticar acerca de una serie de aptitudes generales del niño, y a lo sumo a tratar, en el ámbito escolar, los problemas denominados disléxicos. Pero en el diagnóstico se utilizan una serie de pruebas con ejercicios que bien pueden servir para una práctica pedagógica. Los constructores de tests han trabajado mucho para elegir aquellos elementos que sean válidos para medir funciones mentales determinadas. Esta reflexión creemos que debe ser aprovechada en la práctica pedagógica, para afianzar la **orientación espacial,** las **nociones de izquierda-derecha,** el **esquema corporal,** aspectos importantes de una inteligencia imaginativa y creadora, y sustentadores de muchos posteriores aprendizajes escolares.

De esta reflexión fundamental nace esta serie de ejercicios. Se ha tratado de elegir los más válidos, al menos de entre los de papel y lápiz, sin limitarse, por supuesto, a un único tipo de pruebas, sino tratando de abarcar el tema comprensivamente con ejercicios variados.

### 2. TIPOS DE EJERCICIOS Y SENCILLA GUÍA EXPLICATIVA

a. **Izquierda-derecha.** Su objetivo es reforzar las nociones de izquierda-derecha, tanto en relación con el cuerpo humano como en relación de este con los objetos y el entorno físico-espacial. Cuando se trata de determinar la posición de otras personas, se persigue un descentramiento del propio punto de vista y superar el egocentrismo cognitivo.

b. **Órdenes verbales complejas,** en las que se integran varios conceptos a la vez, para pedir una realización en una hoja de papel. Los conceptos integrados son los espaciales de arriba-centro-abajo, superior-inferior, además de los de izquierda-derecha.

c. **Figuras recortadas.** Exige un esfuerzo mental de representarse el perfil de una figura y girarlo mentalmente para compararlo con otros perfiles hasta encontrar el idéntico al representado mentalmente.

d. **Girar figuras geométricas.** El razonamiento espacial, o capacidad de la mente de girar figuras en el espacio, se suele ejercitar muy poco en la escuela, a pesar de que los niños tienen en general serios problemas, como nos lo indican las dificultades que presentan ante las pruebas espaciales. Y, sin embargo, es una habilidad que aviva la imaginación creadora, que aumenta el uso plástico de la realidad para utilizarlo en operaciones mentales y que acrecienta la posibilidad de conexión y validación empírica de sistemas verbales más abstractos.

e. **Seriación cíclica** de colores, identificando un punto de comienzo cada vez diferente. Exige representarse la nueva secuencia de colores y el cambio de posición de cada ejercicio.

f. **Buscar pareja que encaje.** Es un ejercicio muy relacionado con el anterior y que requiere giros mentales espaciales para encontrar nuevas orientaciones y nuevas relaciones entre partes de un dibujo, para completar un todo perceptivo.

g. **Encontrar el camino más corto y el más largo.** Son ejercicios que permiten anticipar un acción, evitando el mero acierto-error por casualidad. Ya se sabe que ante un problema, el objetivo final debe guiar todo un conjunto de acciones previas, ordenándolas y muchas veces también jerarquizándolas como subobjetivos, para tener una visión integrada.

h. **Copiar una figura sobre un cuadro de puntos.** Es un ejercicio muy rico para lograr del niño estimaciones de distancia-tamaño y posición relativa, al integrar las diversas partes que componen la totalidad de una figura.

i. **Copiar un dibujo simétrico.** Lo podemos considerar como una variante más del ejercicio anterior, pues ejercita las mismas habilidades fundamentales. Añade una percepción empírica de la simetría que domina el dibujo de la mayoría de las figuras.

j. **Dibujar en una cuadrícula siguiendo órdenes escritas específicas.** Además de una observación sostenida y perseverante para completar una tarea sencilla y repetitiva, el niño necesita ejercitar constantemente el conteo y la interpretación de conceptos espaciales como izquierda-derecha y arriba-abajo.

k. **Recortar y componer figuras.** El componer un cuadro con, por ejemplo, cuatro figuras que deben ser pegadas en una posición y orden determinado ejercita mucho la capacidad de representación espacial previsora, que busca un resultado final determinado ordenando el color y la forma de una serie de estímulos perceptivos.

l. **Reconocer figuras iguales que giran** y únicamente cambian de posición. Son ejercicios muy similares a los de girar figuras, aunque en estos no se trata de reproducir lo que falta de una de ellas una vez que se ha girado, sino únicamente de identificar la igualdad de forma.

m. **Reconocer la posición** de una serie de dibujos en relación con otros que hacen de modelo.

## 3. NORMAS PRÁCTICAS PARA TENER EN CUENTA

- Como se trata de que el niño aprenda, no de constatar solamente lo que sabe, deberán explicarse los elementos que no entienda o que haga mal en cada ejercicio.
- Es posible que algunos elementos tengan varias soluciones. Debemos no solo aceptarlas si el niño las razona correctamente, sino alabar su visión del tema. Es incluso bueno que algunos se presten a ello, provocando divergencias en la solución.
- Como mínimo en el inicio de cada tipo de ejercicio, habrá que explicar clara y detalladamente el modo de realizarlo. No basta con que el niño lea el encabezamiento de cada página para que sepa necesariamente la tarea que debe realizar.
- Usar preferentemente lápices de colores. Ayudan al niño a destacar la solución encontrada después de un esfuerzo mental determinado.
- Como medio de estímulo, cada dos ejercicios, es decir, en los pares, la persona que controla la marcha del niño deberá ponerle una puntuación, que irá comprendida entre uno y seis, según considere que va trabajando. Esta puntuación, más que con lógica matemática de estricta justicia, deberá servir de estímulo en la marcha del niño: se debe procurar no sobrevalorar reiteradamente sus realizaciones ni menospreciar tampoco su esfuerzo. Esta puntuación deberá ser trasladada a la página 109 del cuaderno: cada cuatro puntos conseguidos deberá colorear una casilla del camino del dibujo final (página 111). De esta manera el niño se motivará mejor percibiendo claramente una acumulación de los resultados positivos que va obteniendo y cómo se va acercando al objetivo deseado.

**1.** Busca abajo las siluetas de arriba, aunque hayan cambiado de posición.
A cada una ponle el número que tiene arriba.

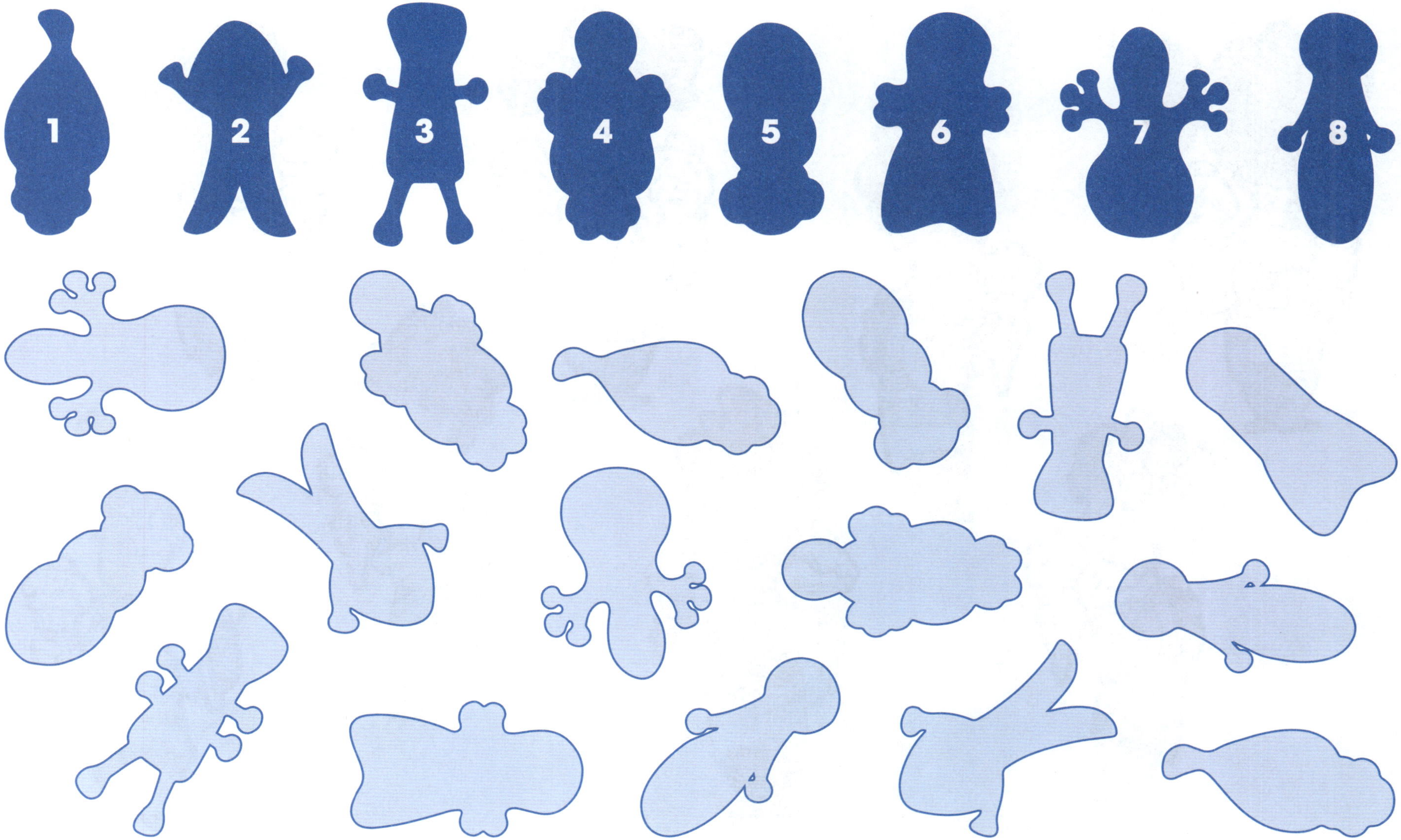

**2.** Colorea de rojo los helados que tienen los niños en su mano izquierda.
Colorea de azul los helados que tienen los niños en su mano derecha.

Puntos

**3.** Fíjate en los colores que tiene el molinillo grande. Colorea igual los otros sabiendo que el viento los ha movido.

**4.** Colorea de rojo todas las tazas que están a la izquierda de la botella.
Colorea de azul todas las que están a su derecha.

Puntos

**5.** Estas figuras han girado hacia la derecha. Ahora dibuja tú lo que les falta, teniendo en cuenta el movimiento que han hecho.

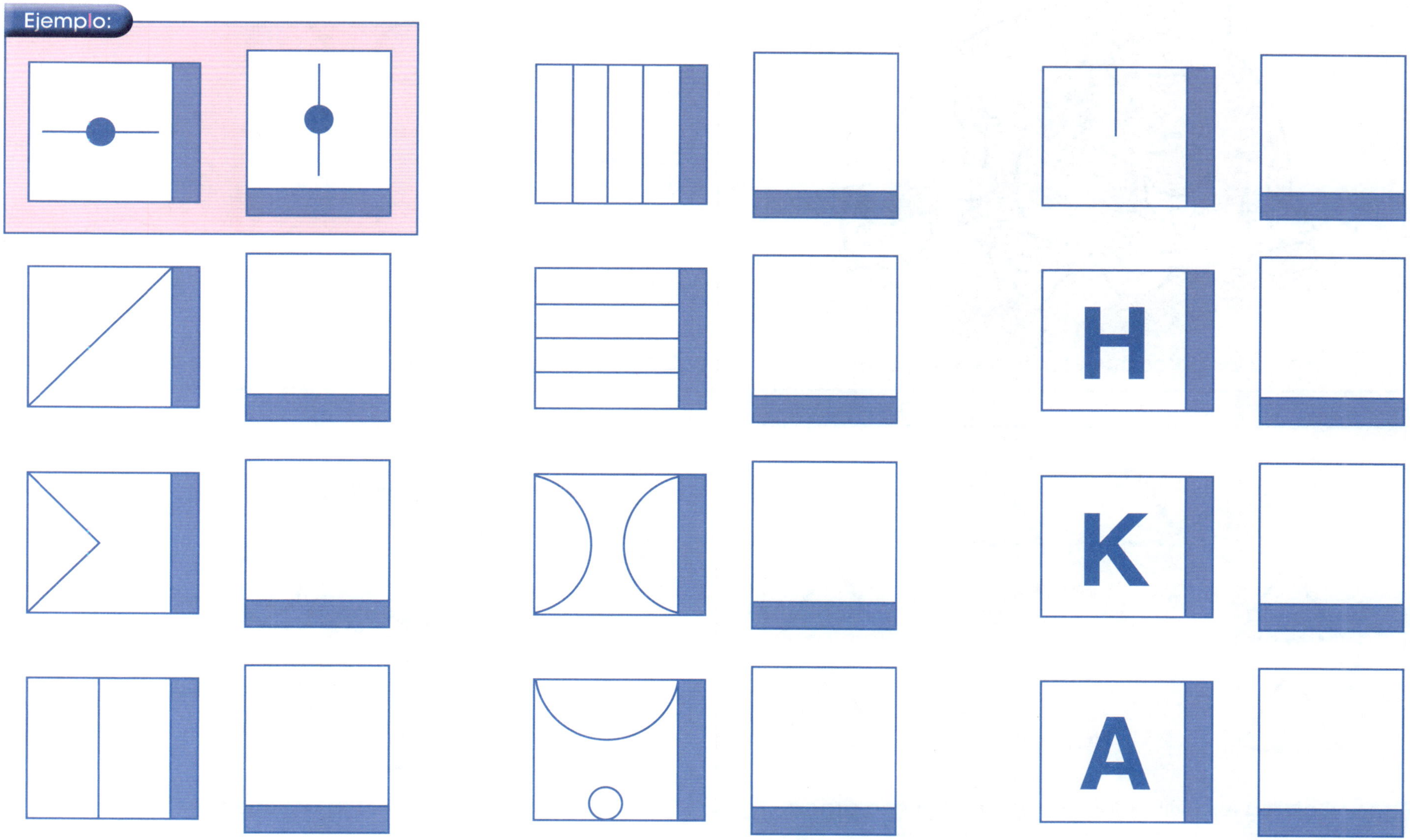

**6.** Haz lo que te indica cada dibujo.

Puntos

Colorea los patos que el niño tiene **a su derecha.**

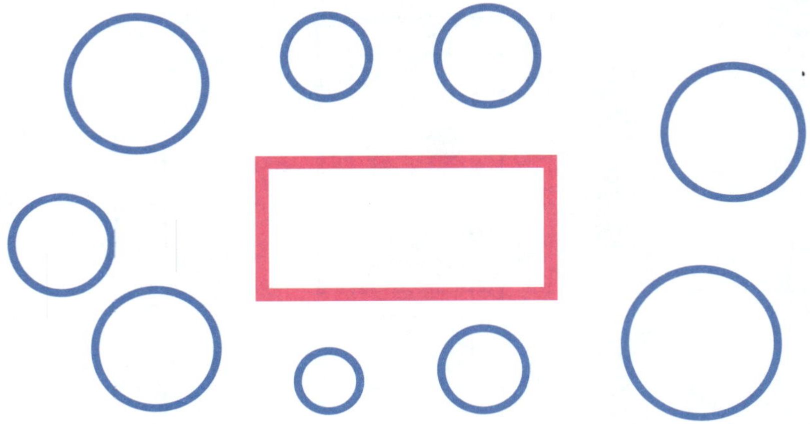

Colorea los círculos que el rectángulo tiene **a su izquierda**.

Colorea los triángulos que el círculo tiene **arriba.**

Colorea los vasos que la jarra tiene **a su izquierda.**

**7.** Recorta estos trozos y pégalos formando una figura humana en la página siguiente.

**7.** Pega correctamente los trozos que has recortado en la página anterior, para que formen una figura humana.

Puntos

**8.** Traza líneas con una pintura, siguiendo las instrucciones. Empieza en el punto indicado. Finalmente completa y colorea el dibujo a tu gusto.

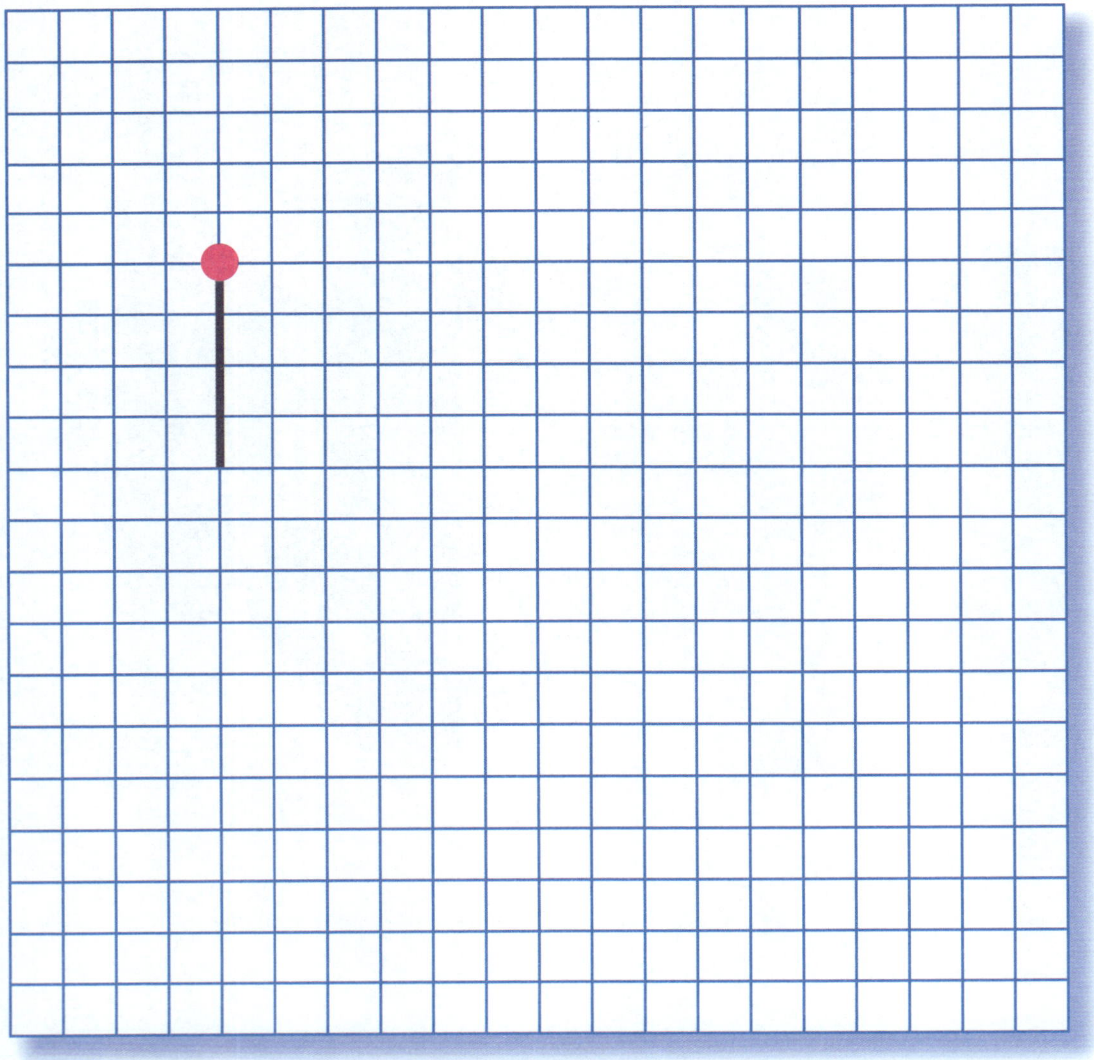

1° 4 abajo
2° 5 derecha
3° 7 abajo
4° 4 izquierda
5° 1 abajo
6° 10 derecha
7° 1 arriba
8° 4 izquierda
9° 7 arriba
10° 5 derecha
11° 4 arriba
12° 12 izquierda
13° 2 arriba
14° 12 derecha
15° 2 abajo

**9.** Colorea de rojo los perritos que ves a la izquierda del niño.
Colorea de azul los perritos que ves a la derecha del niño.

10. Estas figuras han girado hacia la izquierda. Ahora dibuja tú lo que les falta, teniendo en cuenta el movimiento que han hecho.

Puntos

**11.** Dibuja en los cuadros las figuras, con líneas que vayan siempre de punto a punto.

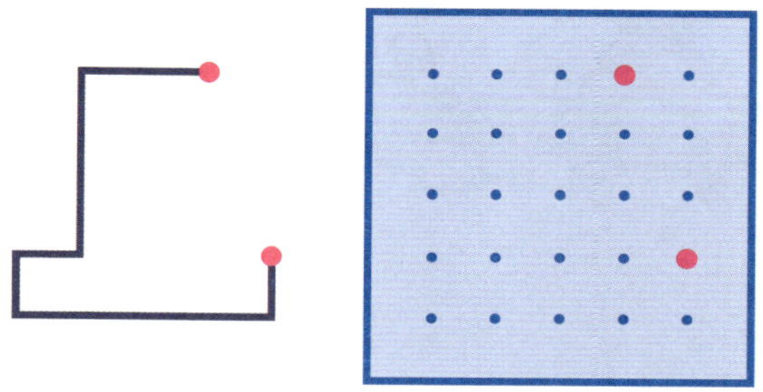
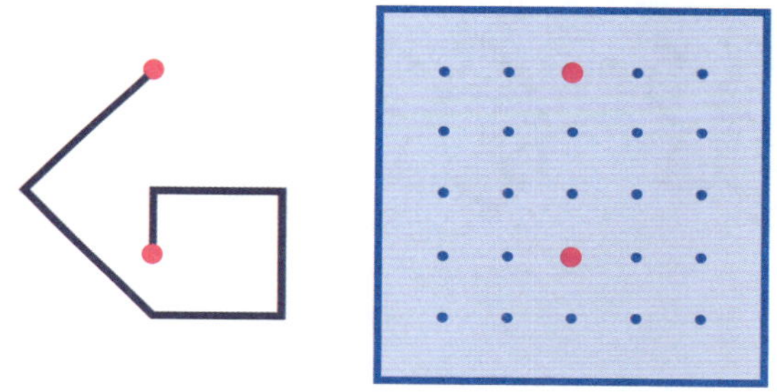
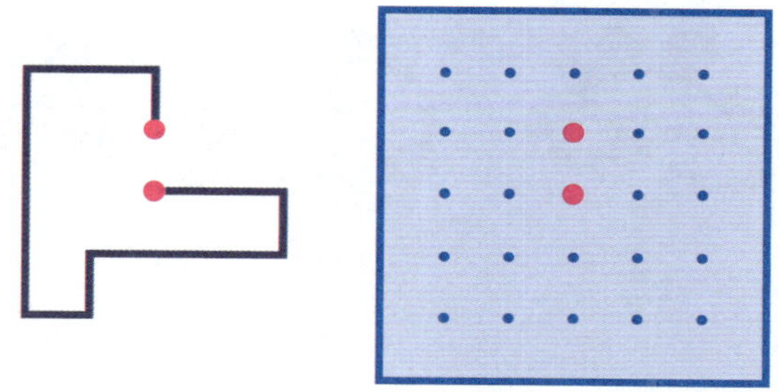
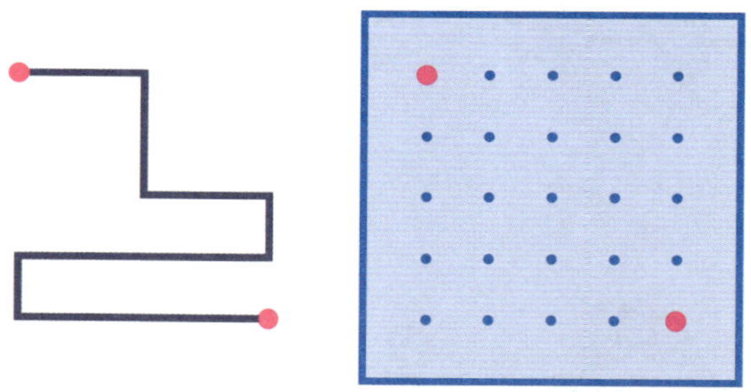
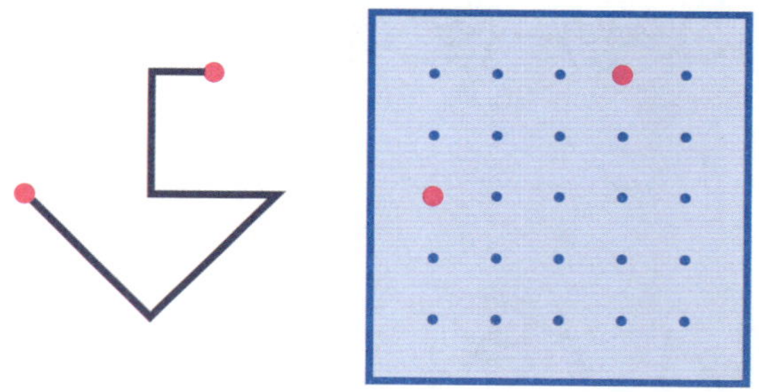
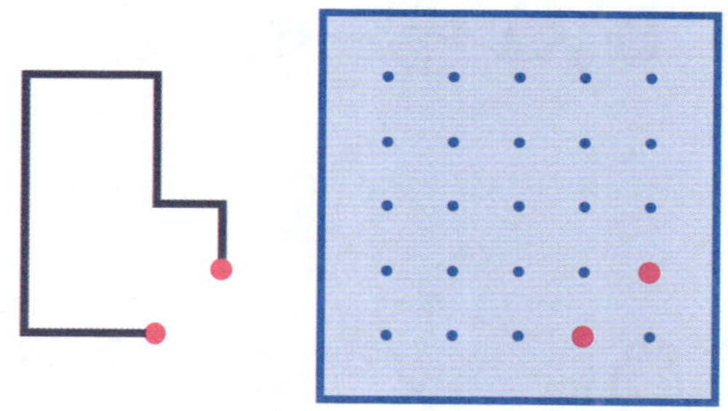
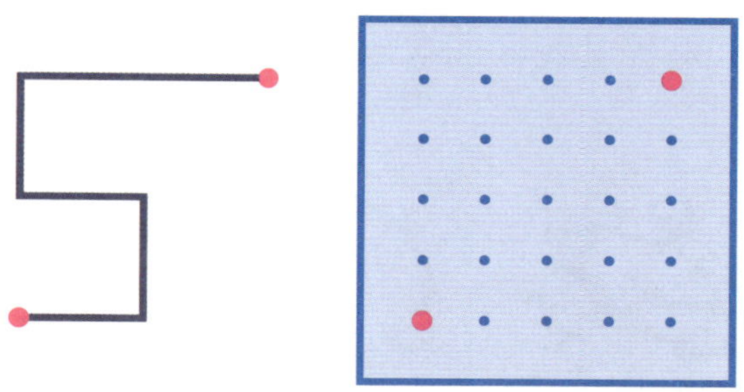
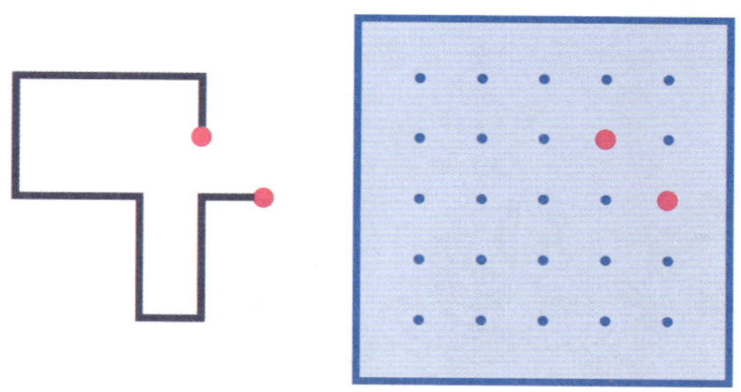
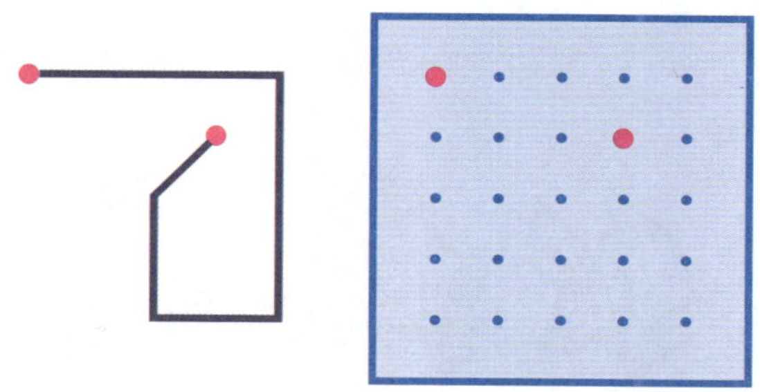

**12.** Colorea de rojo todos los peces que ves a la derecha del pato.
Colorea de azul todos los peces que ves a la izquierda del pato.

Puntos

**13.** Marca con distintos colores el camino más corto y otro mucho más largo, para que el niño encuentre su pelota.

**14.** Estas figuras han girado hacia la derecha. Ahora dibuja tú lo que les falta, teniendo en cuenta el movimiento que han hecho.

Puntos

Ejemplo:

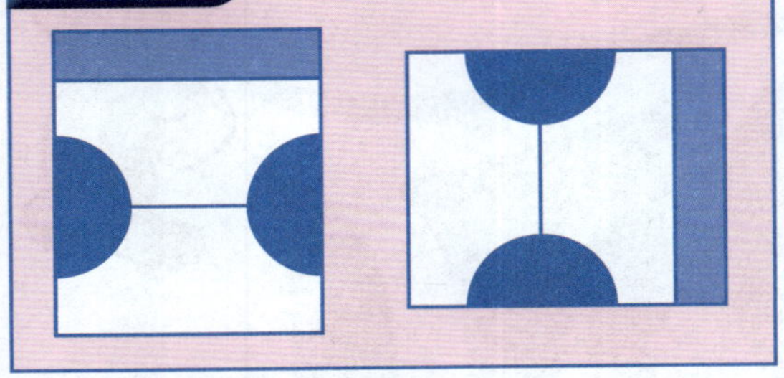

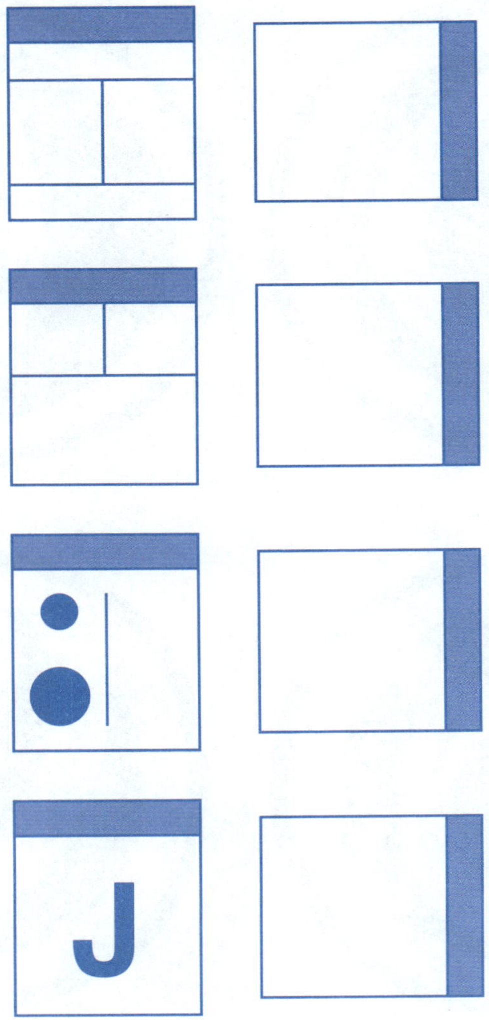

**15.** Busca abajo las siluetas de arriba, aunque hayan cambiado de posición.
A cada una ponle el número que tiene arriba.

**16.** Colorea de rojo las pelotas que tienen los niños en su mano izquierda.
Colorea de azul las pelotas que tienen los niños en su mano derecha.

Puntos

**17.** Fíjate en los colores que tiene la pelota grande. Colorea igual las otras sabiendo que se han movido.

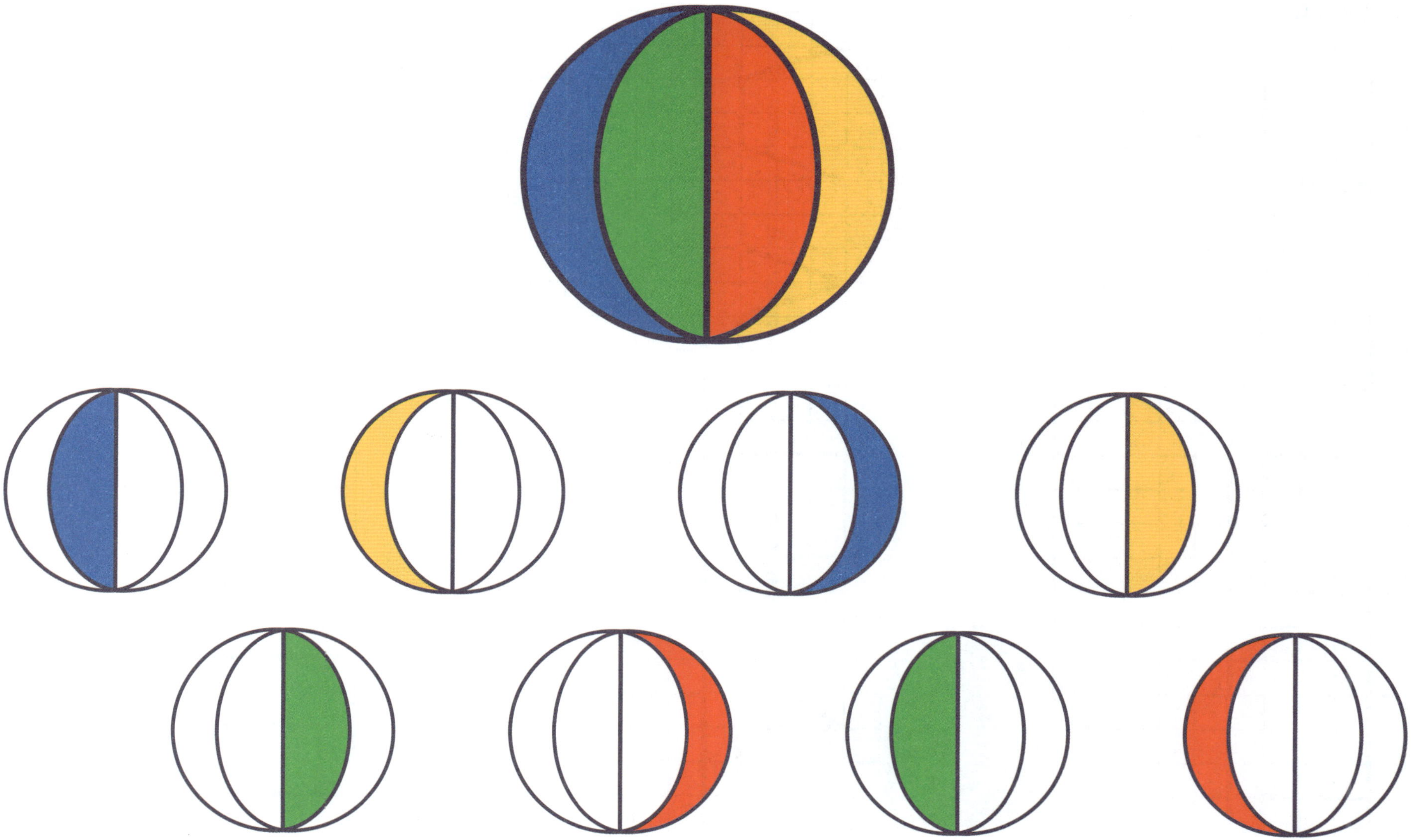

Puntos

**18.** Copia las figuras de forma simétrica. Los puntos te servirán de ayuda.

Ejemplo:

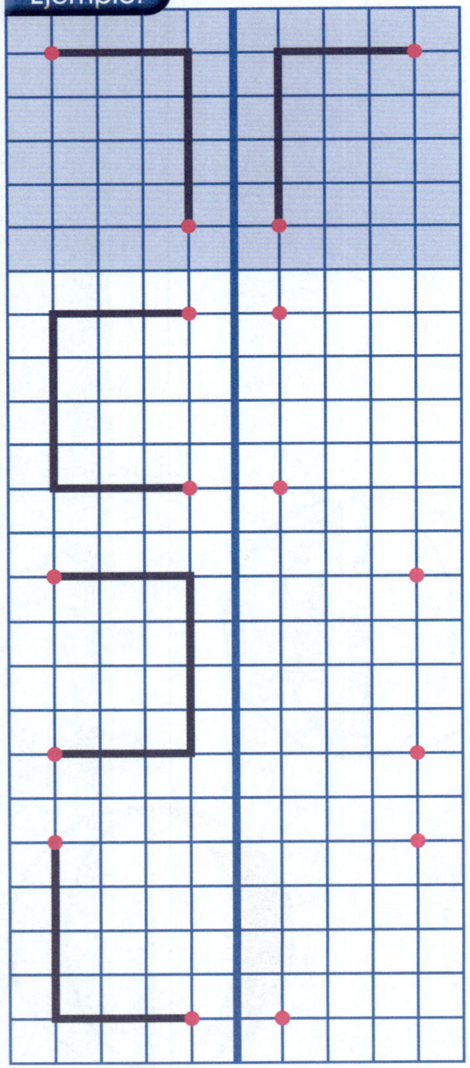

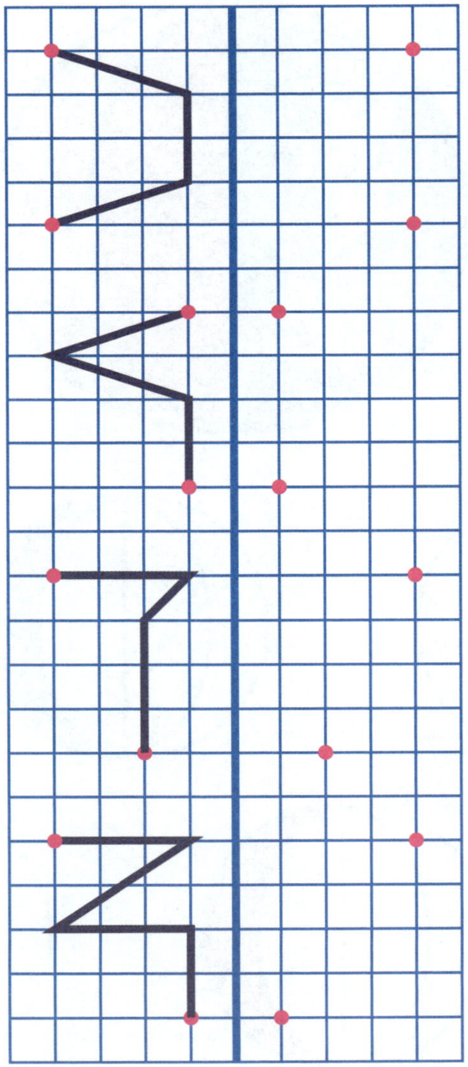

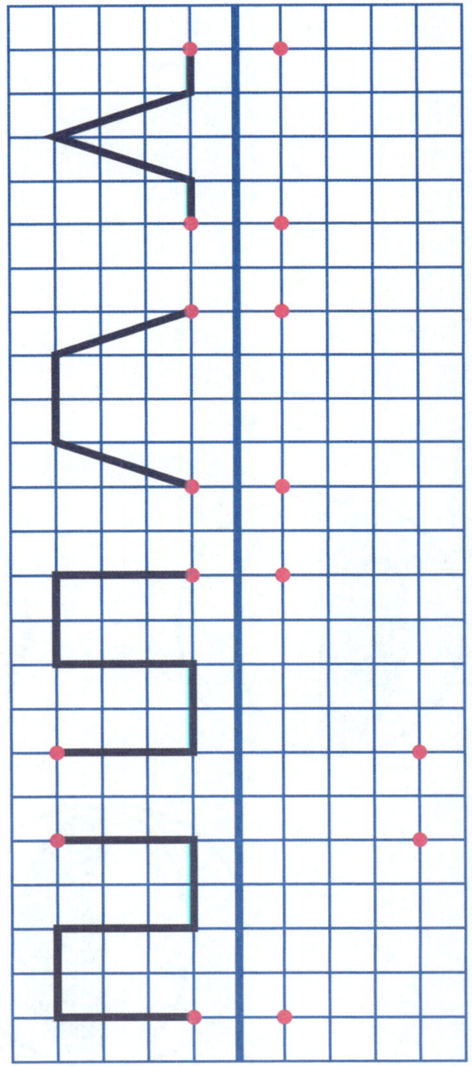

**19.** Traza líneas con una pintura, siguiendo las instrucciones. Empieza en el punto indicado. Finalmente completa y colorea el dibujo a tu gusto.

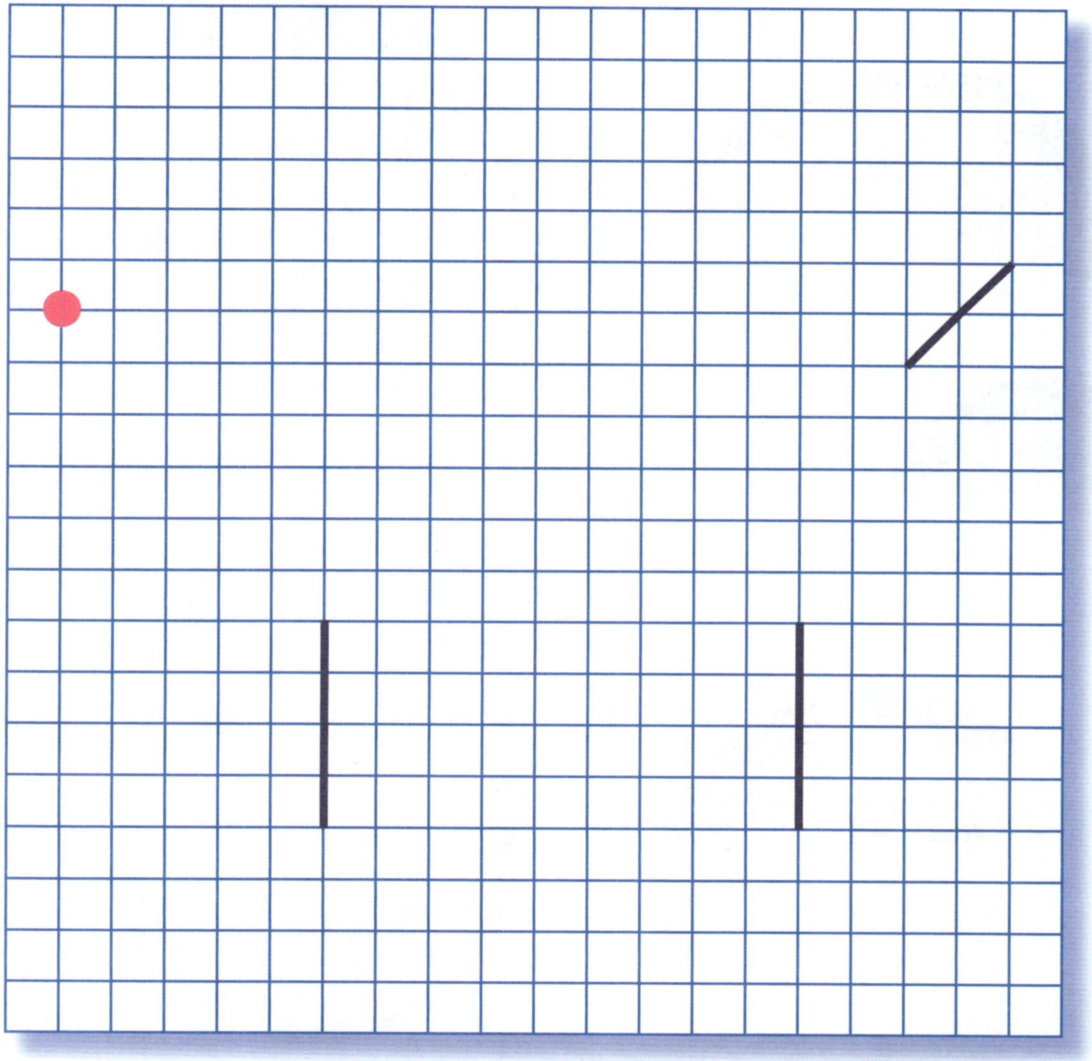

| | |
|---|---|
| 1° | 3 derecha |
| 2° | 1 abajo |
| 3° | 3 izquierda |
| 4° | 1 abajo |
| 5° | 3 derecha |
| 6° | 8 abajo |
| 7° | 4 derecha |
| 8° | 5 arriba |
| 9° | 5 derecha |
| 10° | 5 abajo |
| 11° | 4 derecha |
| 12° | 9 arriba |
| 13° | 10 izquierda |
| 14° | 3 arriba |
| 15° | 6 izquierda |
| 16° | 2 abajo |

**20.** Une con flechas cada dos trozos para completar el dibujo.

Puntos

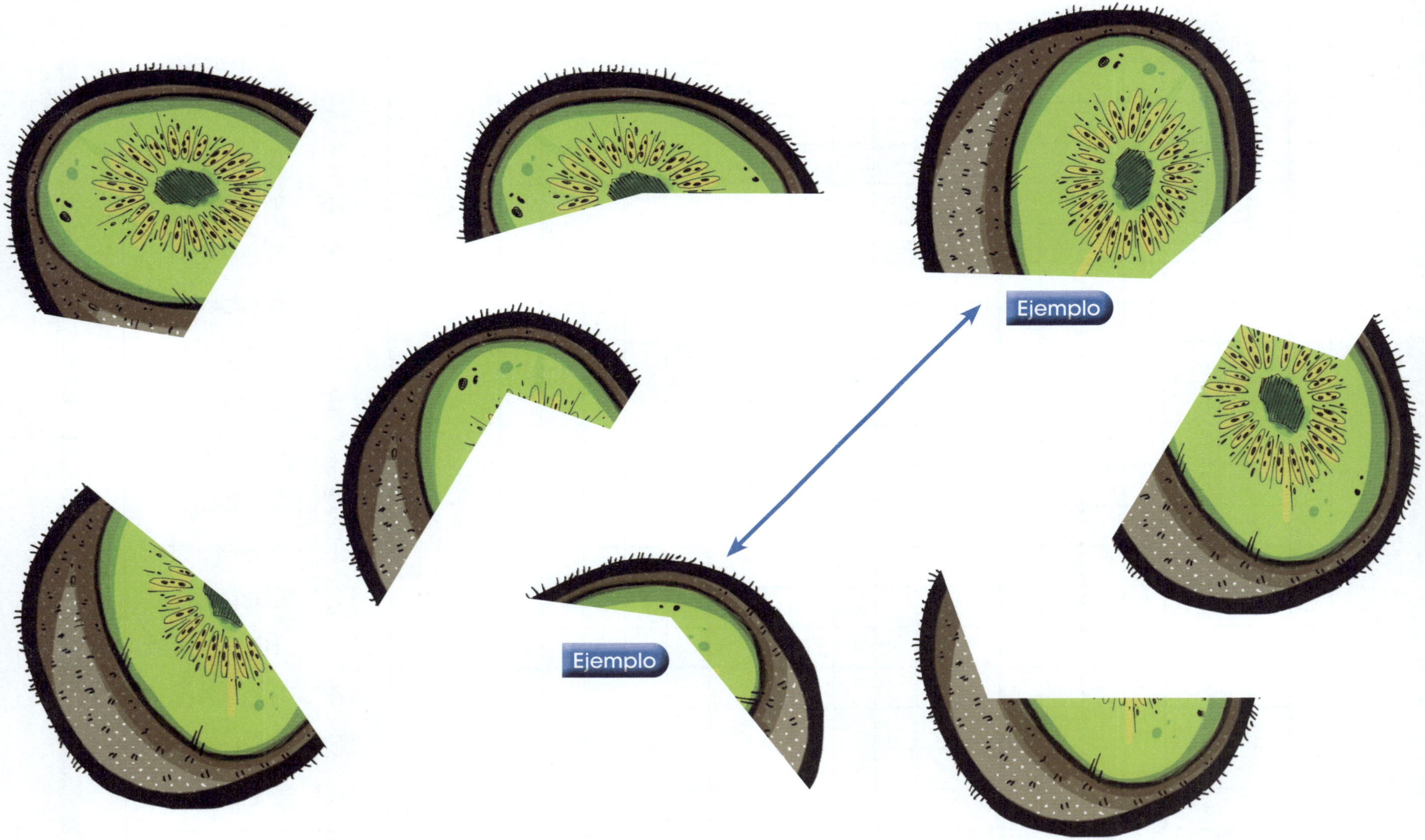

**21.** Copia las figuras de forma simétrica. Los puntos te servirán de ayuda.

Ejemplo:

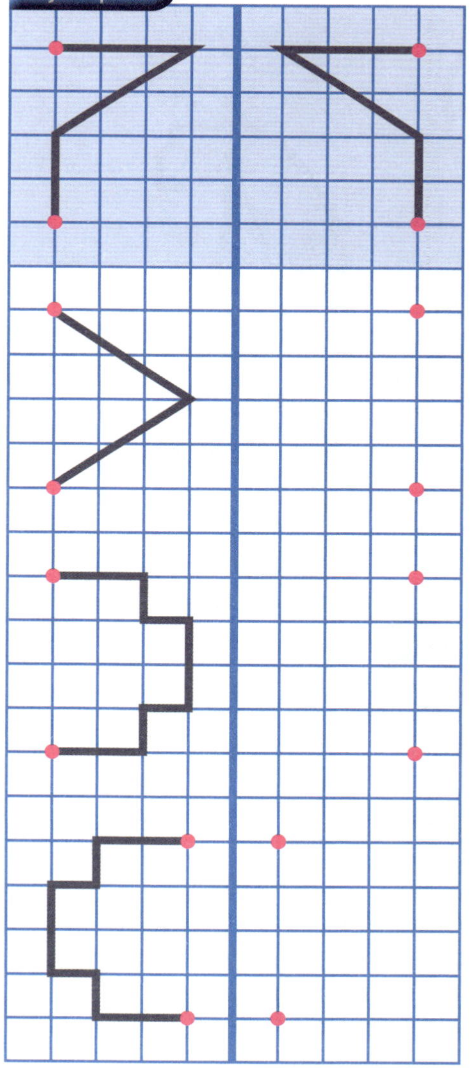

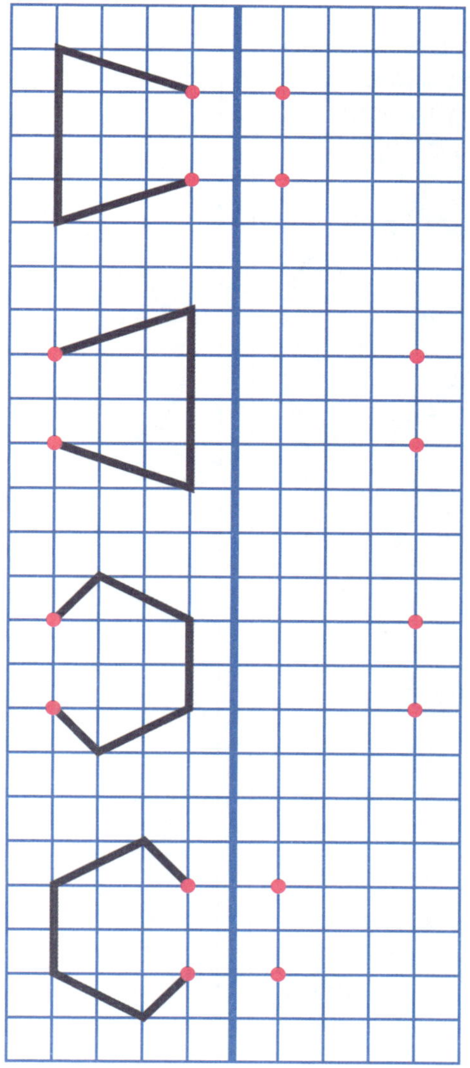

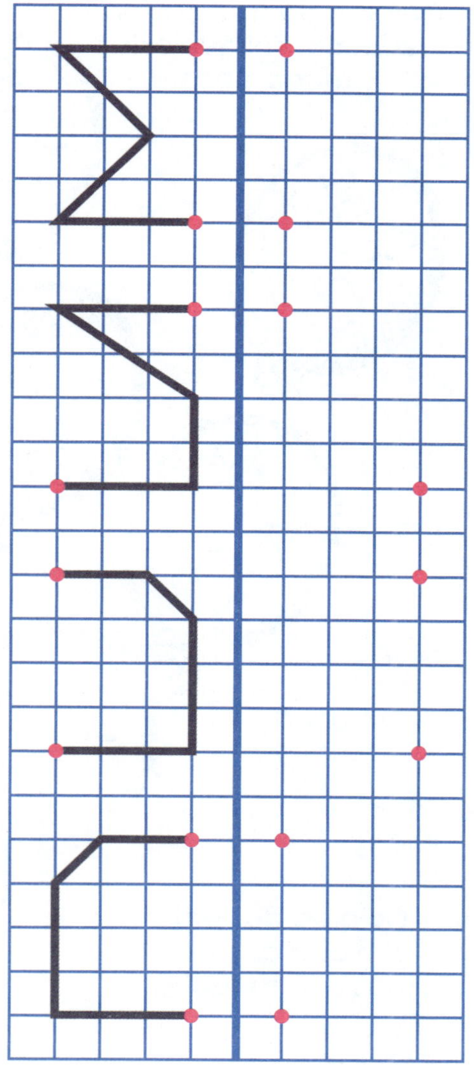

Puntos

**22.** Haz lo que te indica cada dibujo.

Colorea de azul el globo **superior** (el que está más arriba).

Colorea de amarillo el globo **inferior** (el que está más abajo).

Colorea de verde el globo que está más a la **derecha.**

Colorea de rojo el globo que está más a la **izquierda.**

Colorea de rojo la pera que está más a la **izquierda.**
Colorea de verde la pera que está más a la **derecha.**
Colorea de azul la pera **superior.**
Colorea de amarillo la pera **inferior.**

**23.** Marca con colores diferentes el camino más corto y otro mucho más largo para que el astronauta llegue al cohete.

**24.** Dibuja las figuras con líneas que vayan siempre de punto a punto.

Puntos

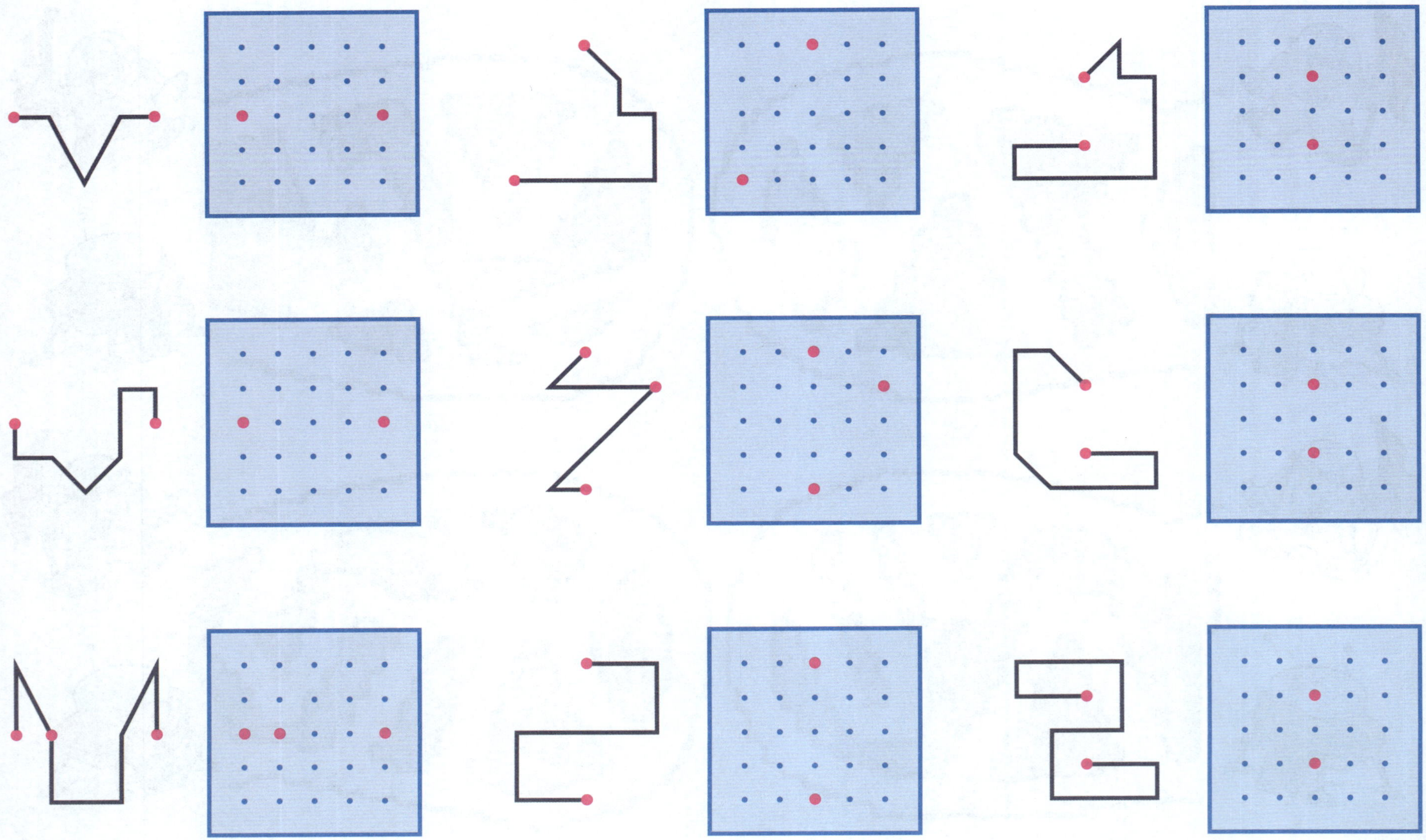

**25.** Busca abajo las siluetas de arriba, aunque hayan cambiado de posición.
A cada una ponle el número que tiene arriba.

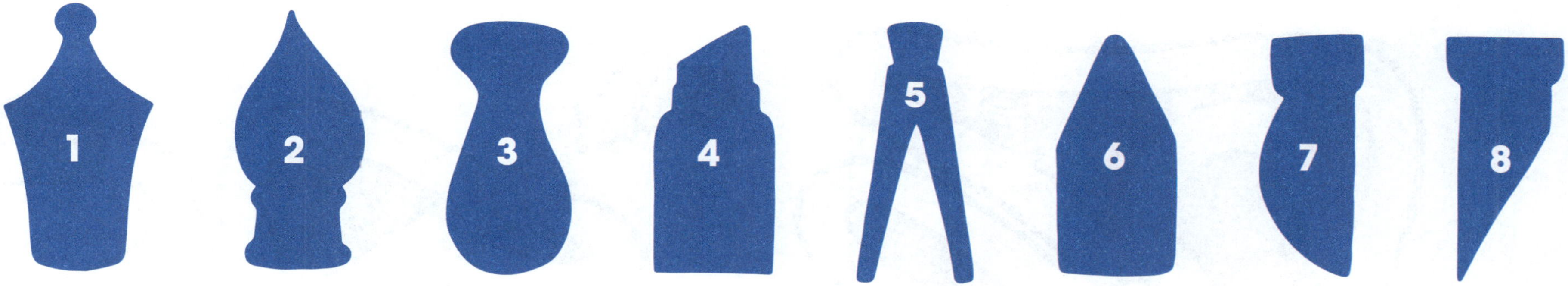

Puntos

**26.** Guía al ratón hasta donde está el queso. Pinta con color distinto el camino más corto y otro mucho más largo.

**27.** Une con flechas las figuras iguales, aunque estén cambiadas de posición.

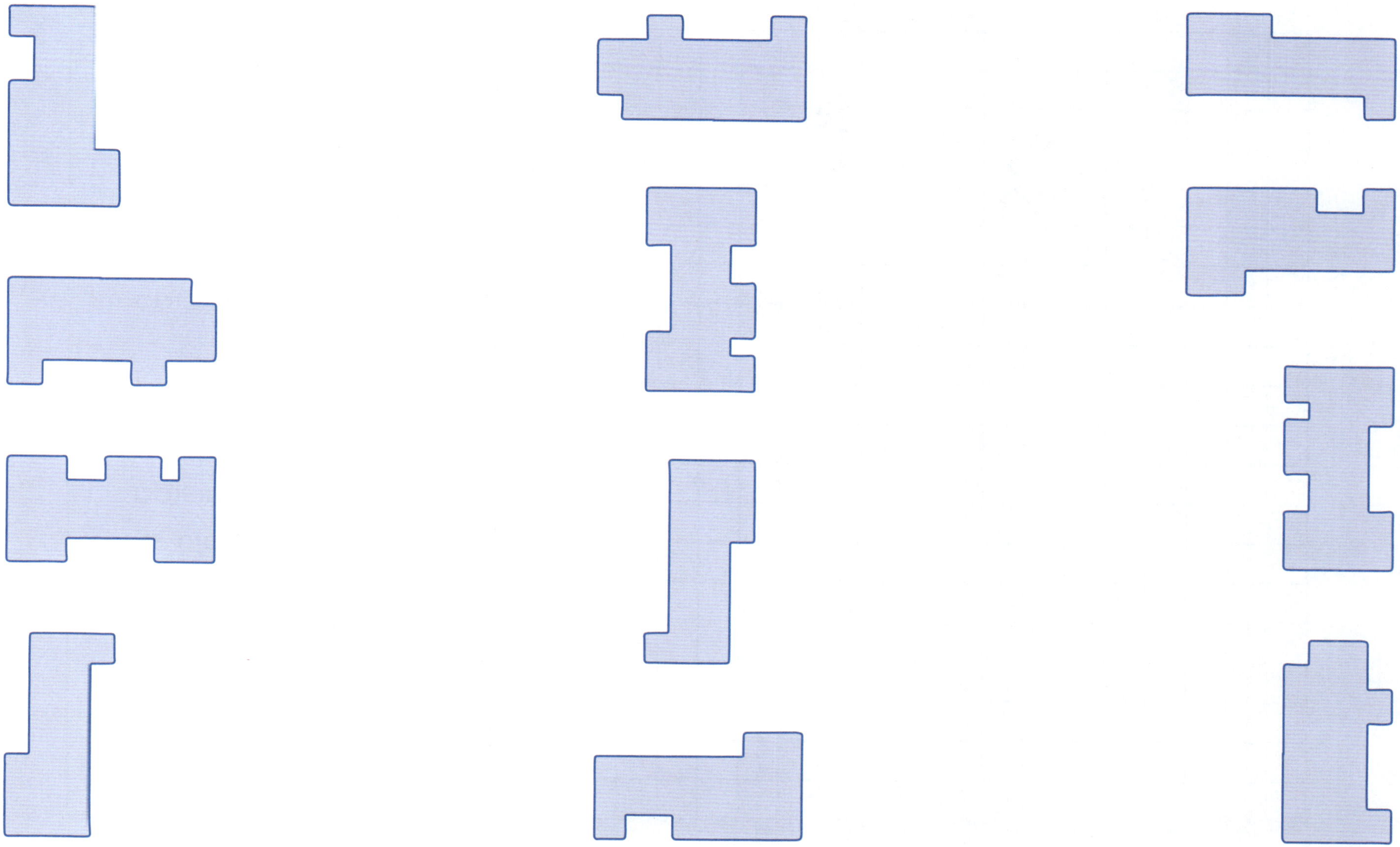

Puntos

**28.** Traza líneas con una pintura, siguiendo las instrucciones. Empieza en el punto indicado. Finalmente completa y colorea el dibujo a tu gusto.

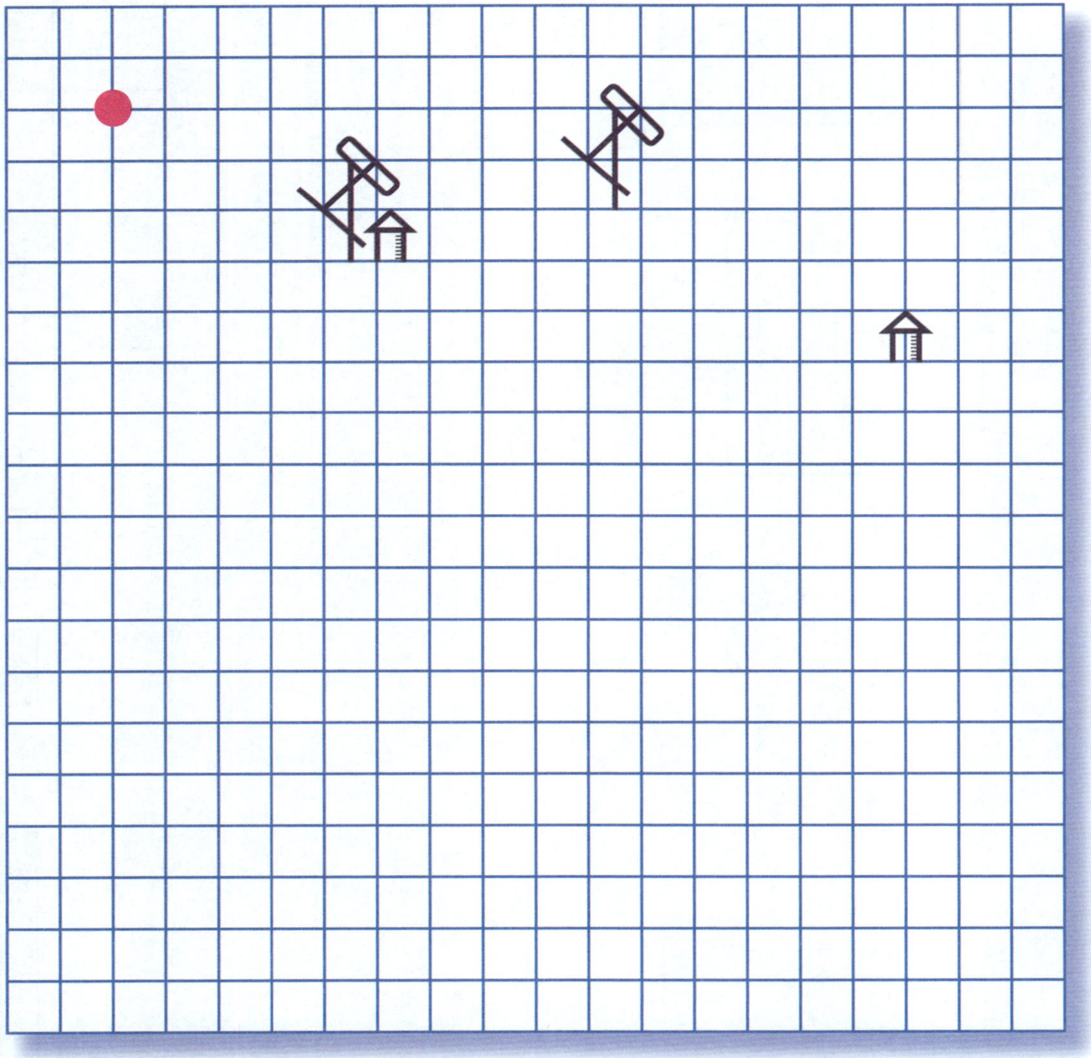

| | |
|---|---|
| 1° | 15 abajo |
| 2° | 16 derecha |
| 3° | 10 arriba |
| 4° | 2 izquierda |
| 5° | 5 abajo |
| 6° | 1 izquierda |
| 7° | 1 arriba |
| 8° | 3 izquierda |
| 9° | 7 arriba |
| 10° | 2 izquierda |
| 11° | 4 abajo |
| 12° | 2 izquierda |
| 13° | 3 arriba |
| 14° | 3 izquierda |
| 15° | 3 arriba |
| 16° | 3 izquierda |

**29.** Guía al jinete con una línea para que llegue a la meta. Procura no entrar en los callejones sin salida.

**30.** Colorea los cuadros como se indica debajo.

Puntos

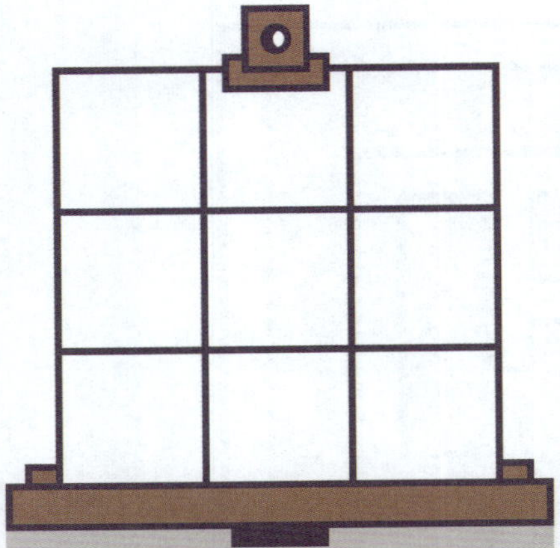

VERDE

1. ARRIBA DERECHA

2. ABAJO IZQUIERDA

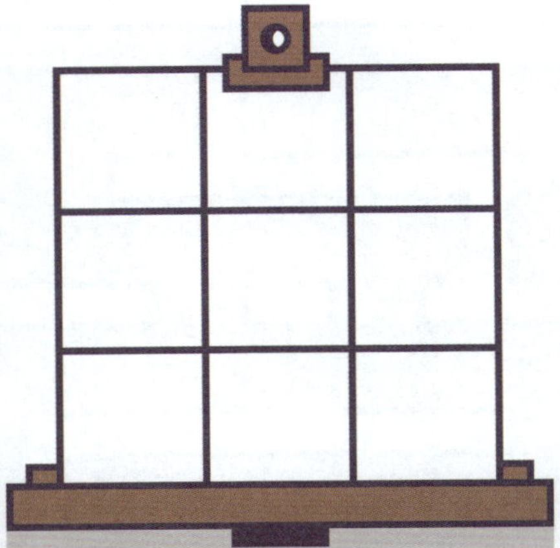

AZUL

1. CENTRO DERECHA

2. ABAJO CENTRO

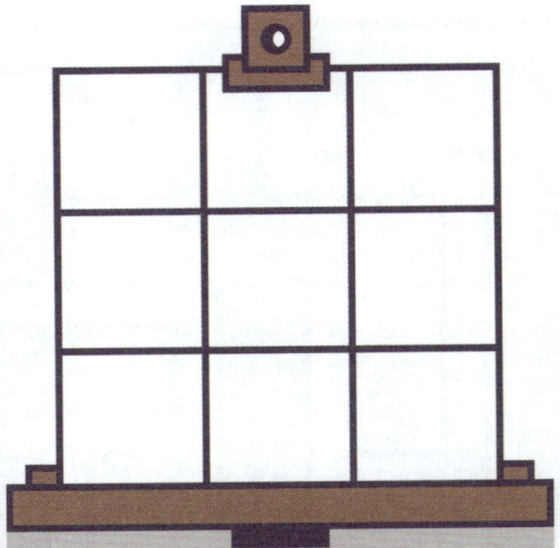

AMARILLO

1. ARRIBA IZQUIERDA

2. CENTRO DERECHA

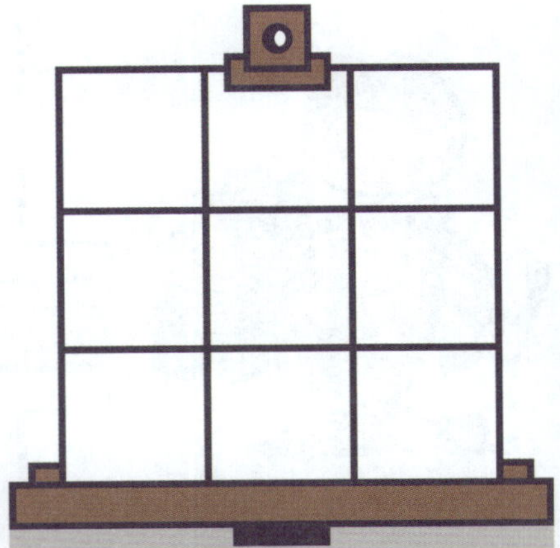

ROJO

1. ABAJO DERECHA

2. ARRIBA CENTRO

**31.** Une con flechas cada dos trozos para formar latas de refresco.

**32.** Colorea de rojo todos los círculos que ves a la izquierda del cuadrado.
Colorea de azul todos los círculos que ves a la derecha del cuadrado.

Puntos

**33.** Recorta estos dibujos y pégalos por orden en la página siguiente.
Antes de pegarlos comprueba el orden en que debes hacerlo.

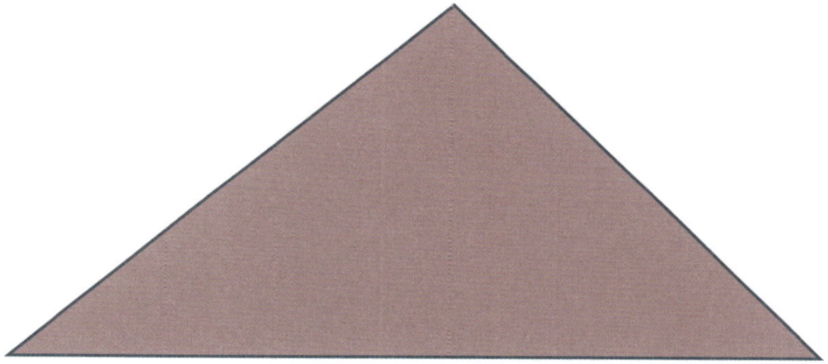

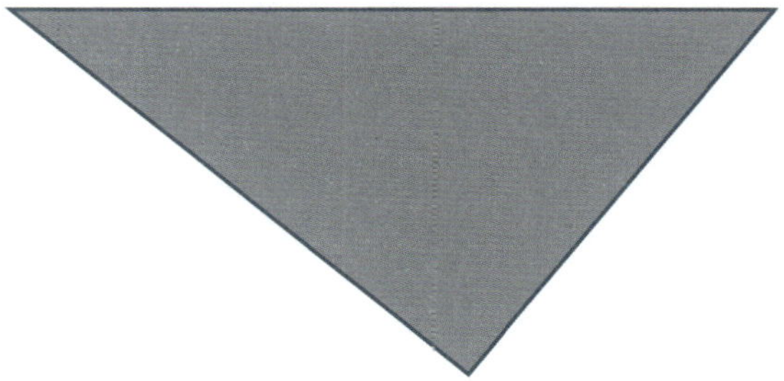

**33.** Pega en el cuadro de la derecha los trozos recortados. Si lo haces ordenadamente tendrás el mismo dibujo que hay en la izquierda.

**34.** Colorea los cuadros como se indica debajo.

Puntos

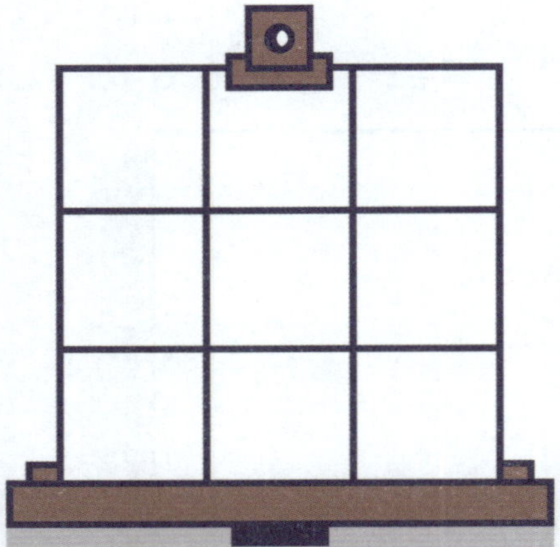

**VERDE**

1. ARRIBA CENTRO
2. ABAJO CENTRO
3. CENTRO CENTRO

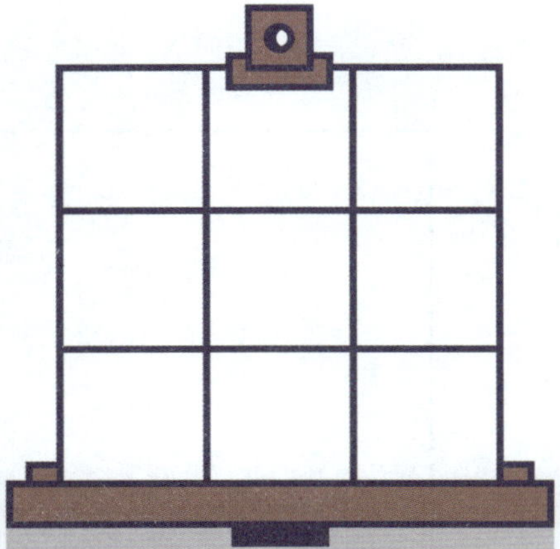

**AZUL**

1. CENTRO IZQUIERDA
2. ABAJO DERECHA
3. ARRIBA IZQUIERDA

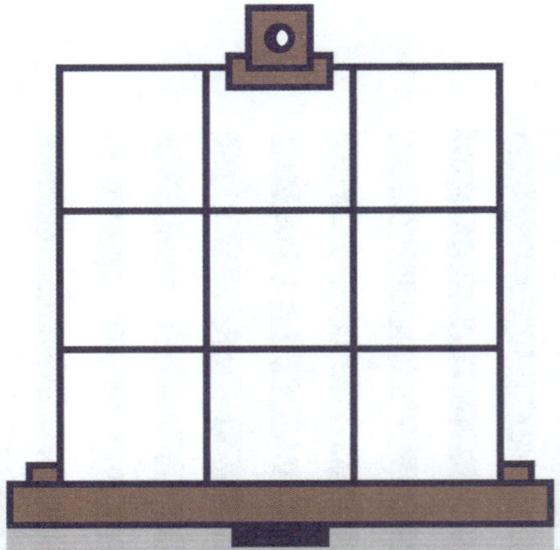

**AMARILLO**

1. ARRIBA IZQUIERDA
2. CENTRO CENTRO
3. ABAJO DERECHA

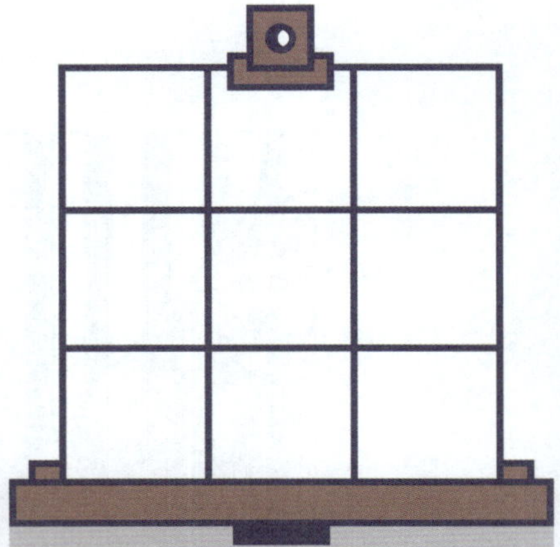

**ROJO**

1. ABAJO DERECHA
2. ARRIBA CENTRO
3. ABAJO IZQUIERDA

**35.** Copia las figuras de forma simétrica. Los puntos te servirán de ayuda.

Ejemplo:

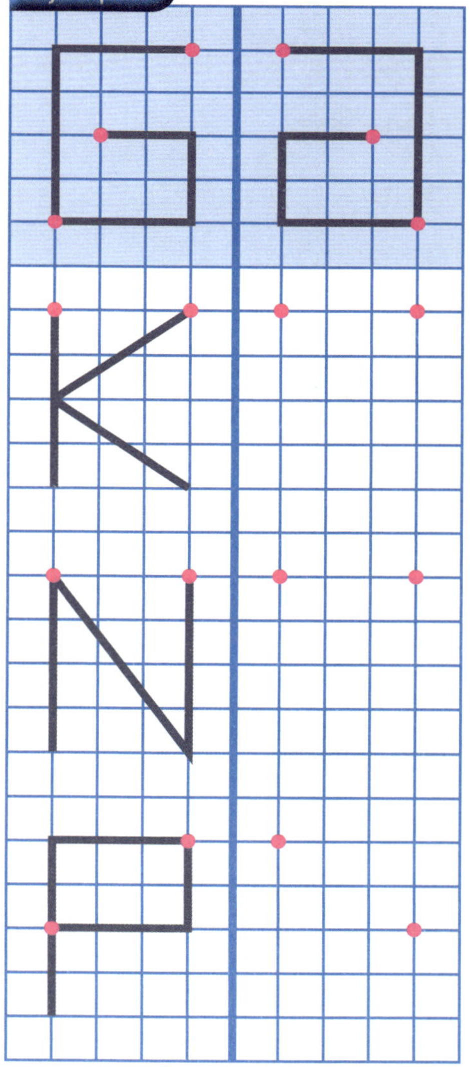

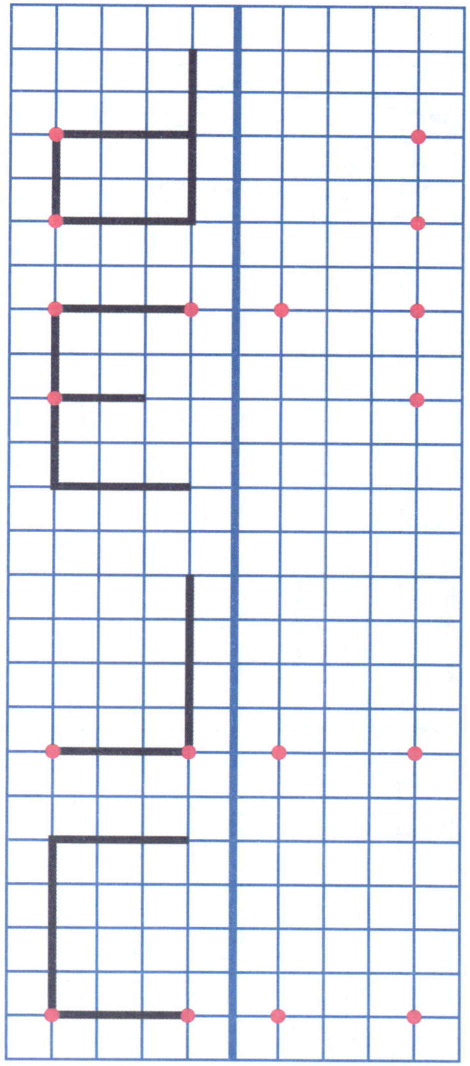

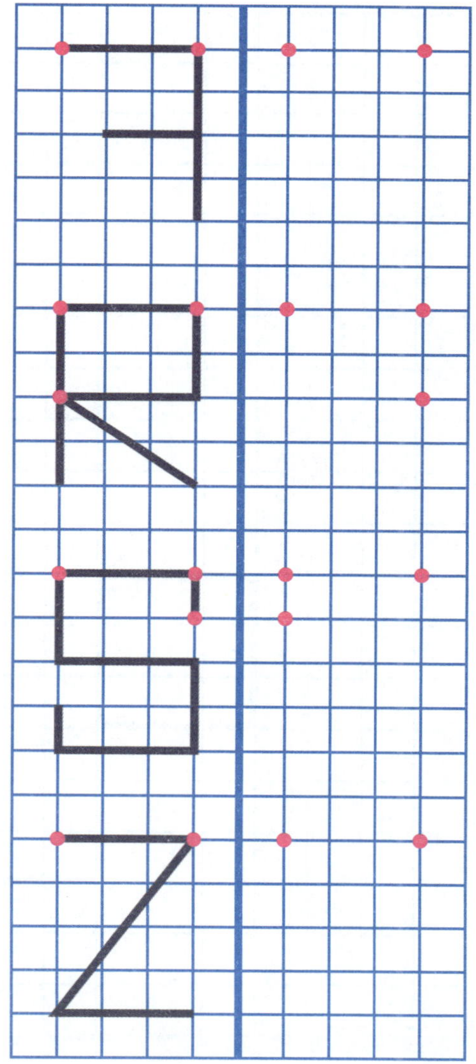

**36.** Traza líneas con una pintura, siguiendo las instrucciones. Empieza en el punto indicado. Finalmente completa y colorea el dibujo a tu gusto.

Puntos

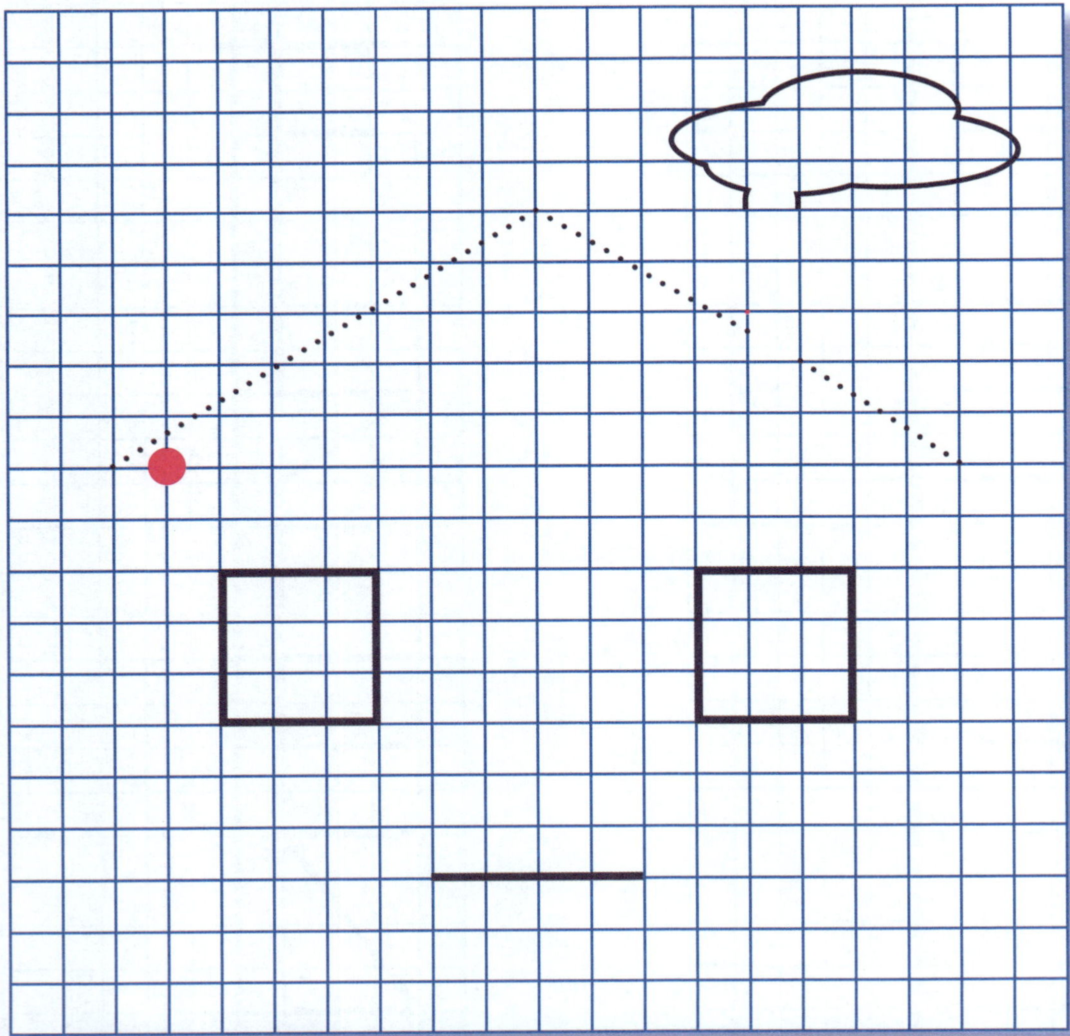

| | |
|---|---|
| 1° | 8 abajo |
| 2° | 5 derecha |
| 3° | 5 arriba |
| 4° | 4 derecha |
| 5° | 5 abajo |
| 6° | 5 derecha |
| 7° | 8 arriba |
| 8° | 1 derecha |
| 9° | seguir puntos, cruzando sólo tres cuadros |
| 10° | 3 arriba |
| 11° | 1 izquierda |
| 12° | 2 abajo |
| 13° | seguir puntos hasta el final |
| 14° | 15 derecha |

**37.** Colorea los cuadros como se indica debajo.

1. CENTRO DERECHA
2. ARRIBA IZQUIERDA
3. ABAJO IZQUIERDA

1. ARRIBA CENTRO
2. ABAJO DERECHA
3. ABAJO IZQUIERDA

1. ABAJO IZQUIERDA
2. CENTRO IZQUIERDA
3. ARRIBA IZQUIERDA

1. CENTRO CENTRO
2. ABAJO DERECHA
3. ARRIBA IZQUIERDA

Puntos

**38.** Dibuja en los cuadros las figuras, con líneas que vayan siempre de punto a punto.

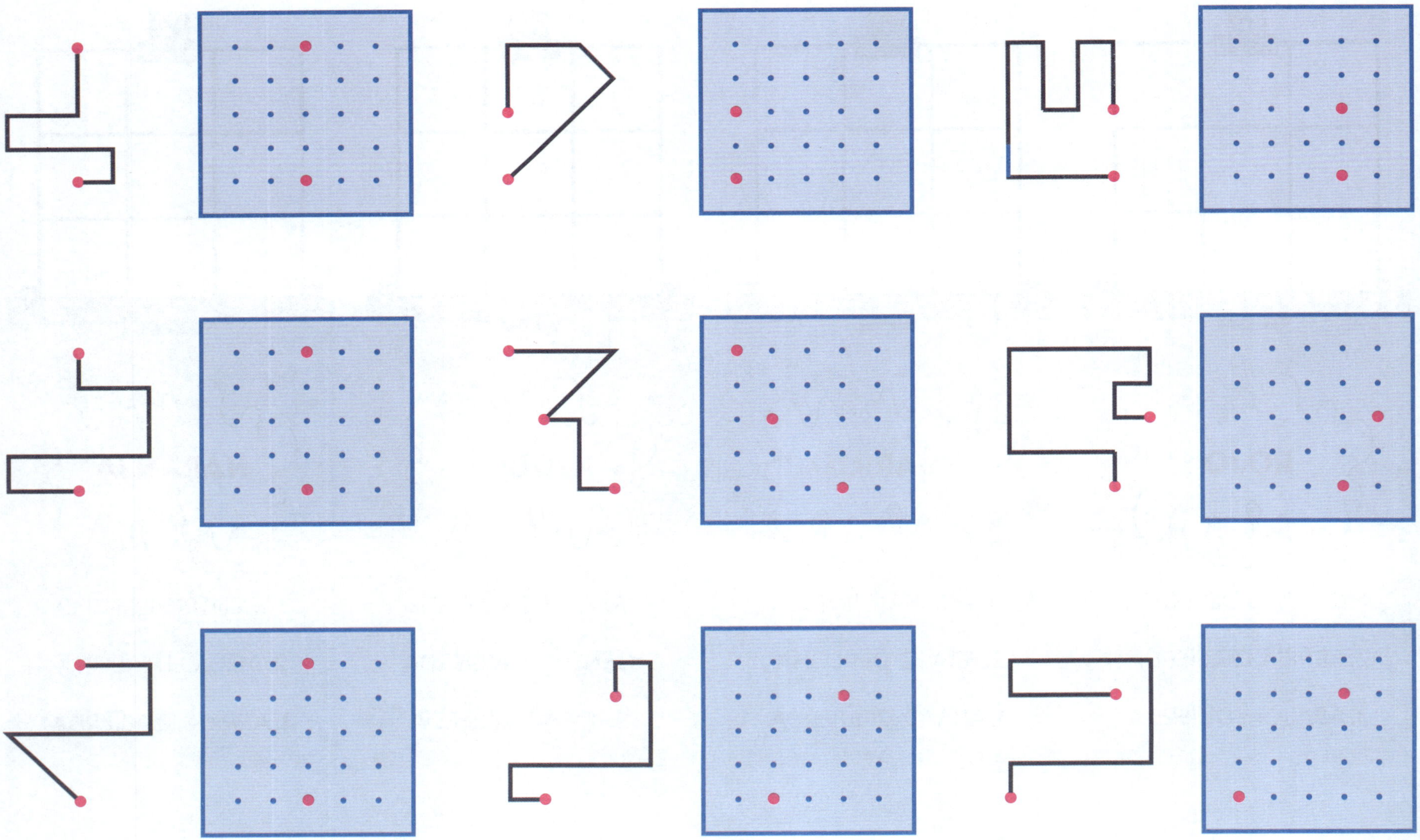

**39.** Colorea de rojo los árboles que el molino tiene a la izquierda.
Colorea de azul los burritos que el molino tiene a la derecha.

**40.** Guía a la gallina a buscar los huevos que ha perdido.
Pinta con color distinto el camino más corto y otro mucho más largo.

Puntos

**41.** Busca abajo las siluetas de arriba, aunque hayan cambiado de posición.
A cada una ponle el número que tiene arriba.

**42.** Fíjate en los colores que tiene el cuadro grande. Colorea los otros igual, sabiendo que han cambiado de posición.

Puntos

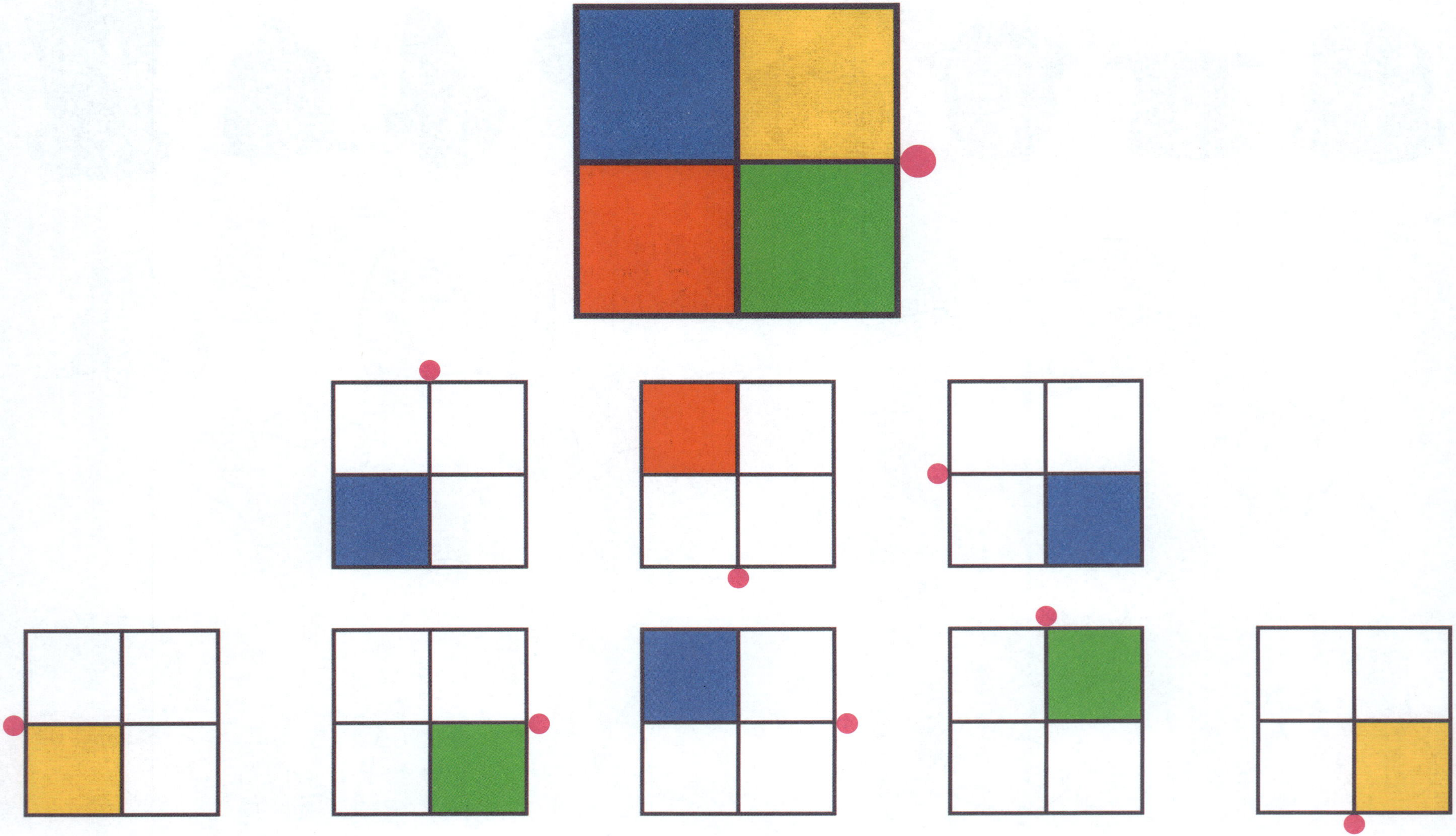

**43.** Une con flechas las figuras iguales, aunque estén cambiadas de posición.

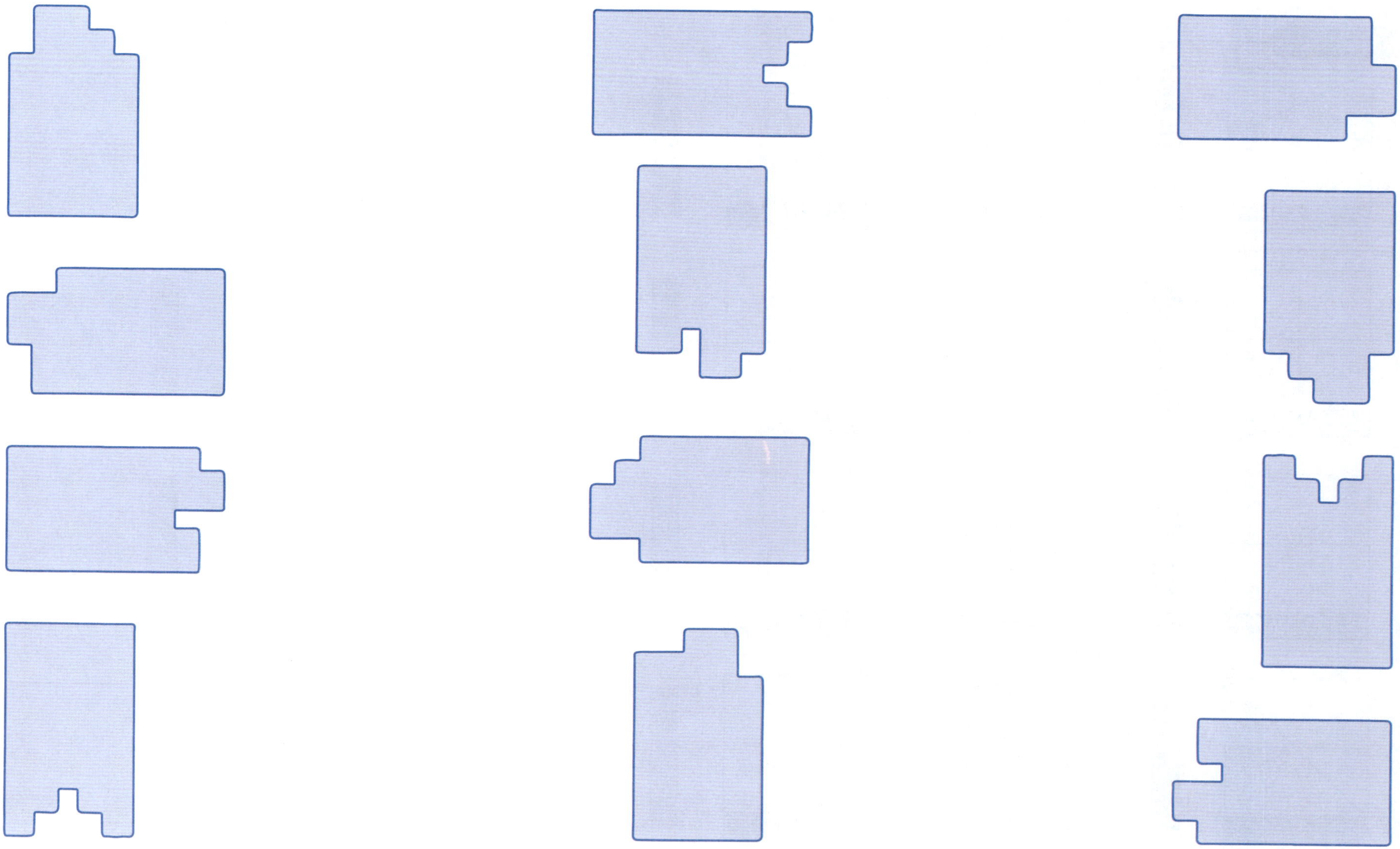

**44.** Estas figuras han girado hacia la derecha. Ahora dibuja tú lo que falta, teniendo en cuenta el movimiento que han hecho.

Puntos

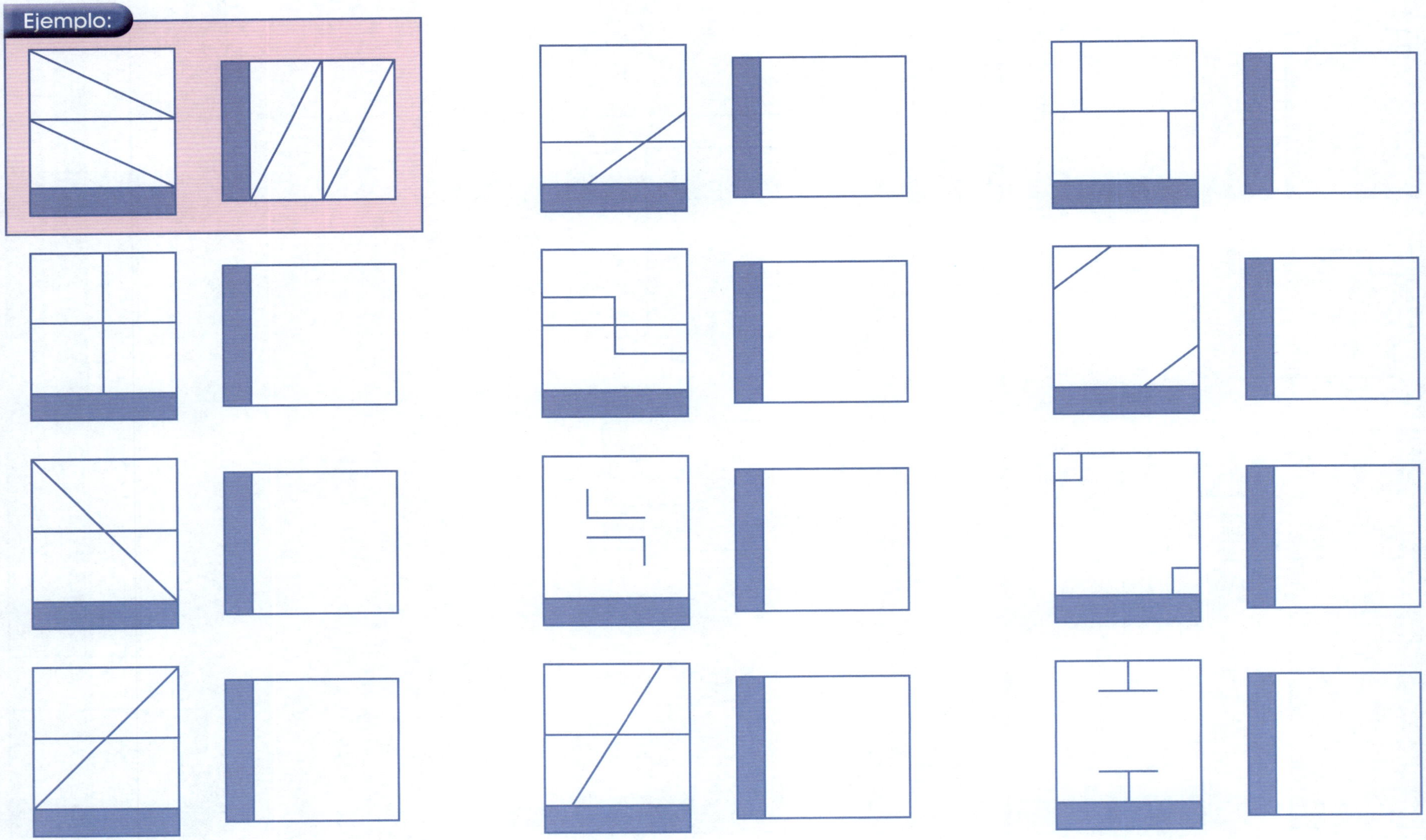

**45.** Dibuja en los cuadros las figuras, con líneas que vayan siempre de punto a punto.

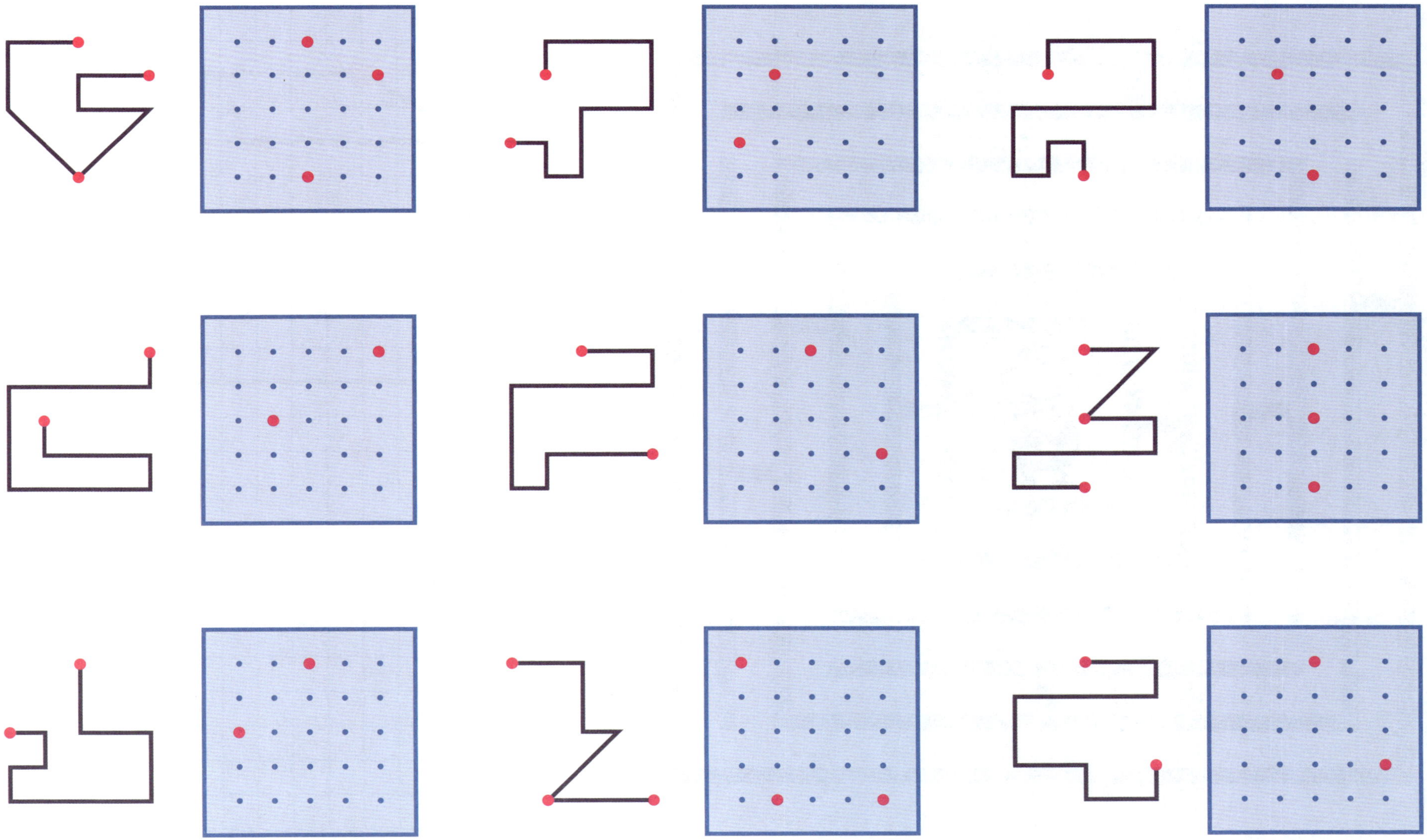

**46.** Guía al niño a la salida.
Copia debajo el cubo de la derecha, contando bien los cuadros.

Puntos

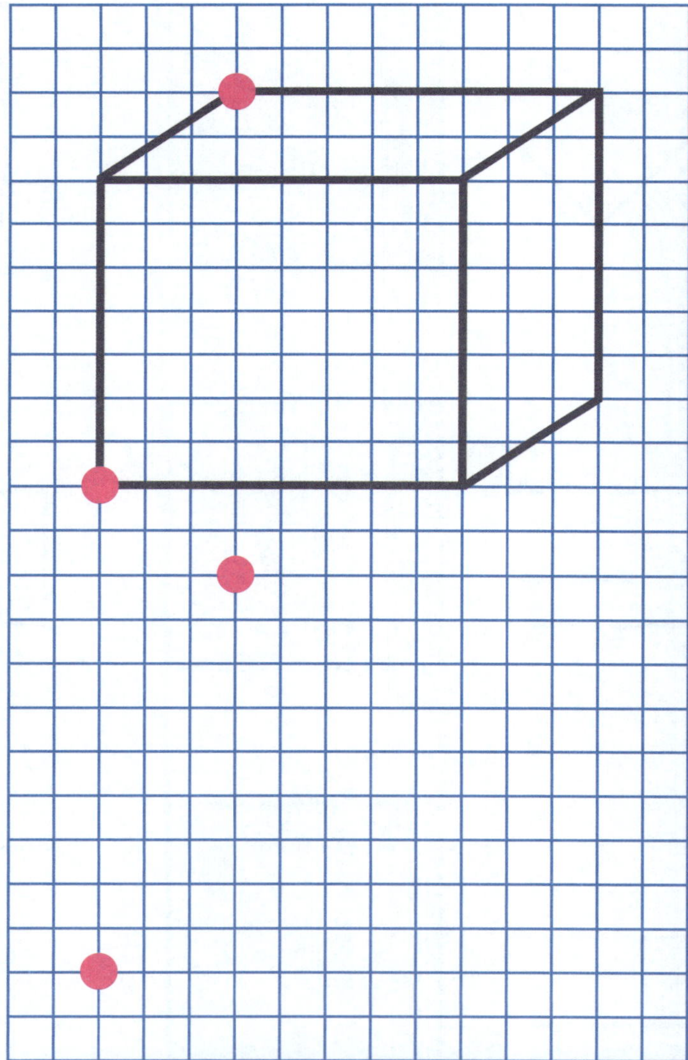

**47.** Guía a la abeja hasta encontrar su colmena. Pinta de color distinto el camino más corto y otro mucho más largo.

**48.** Traza líneas con una pintura, siguiendo las instrucciones. Empieza en el punto indicado. Finalmente completa y colorea el dibujo a tu gusto.

Puntos

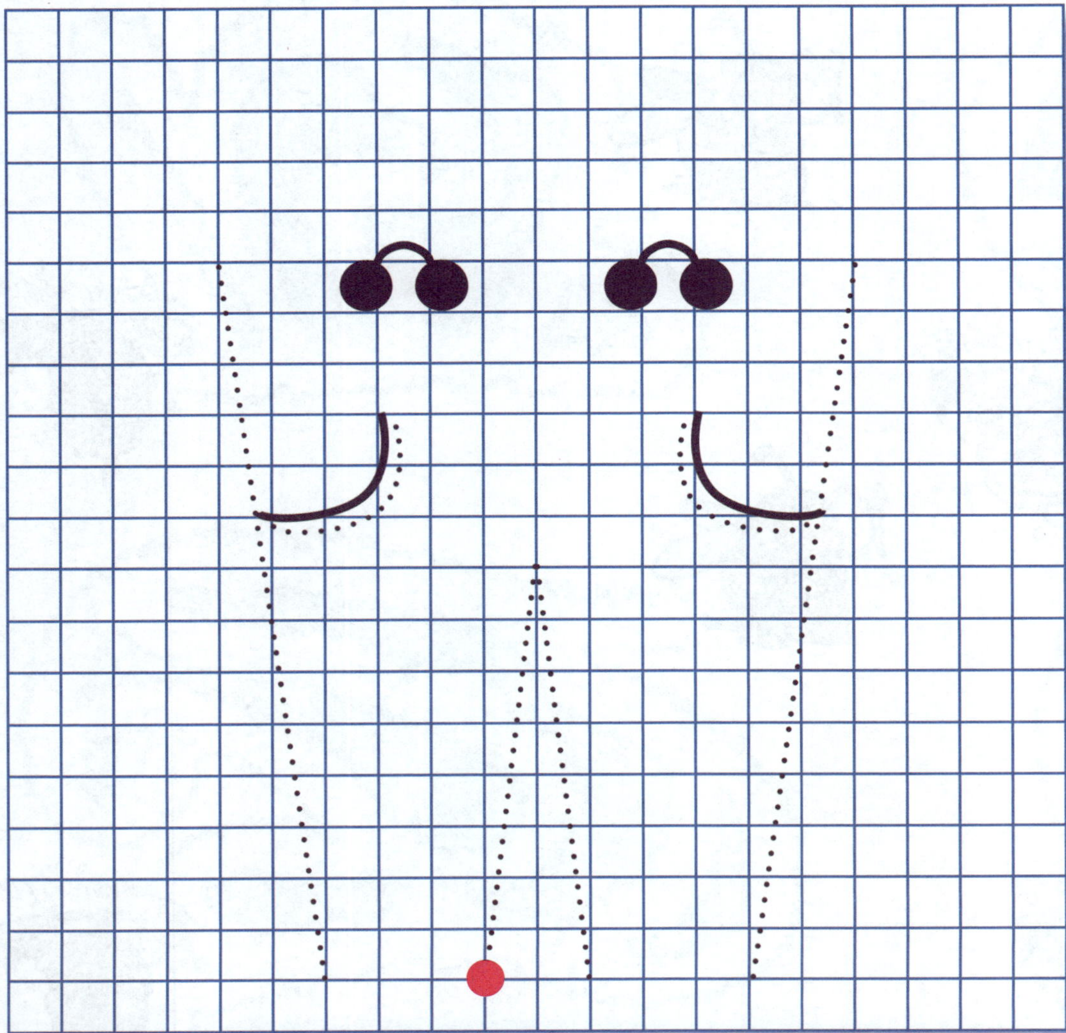

| | |
|---|---|
| 1° | 3 izquierda |
| 2° | seguir puntos |
| 3° | 3 derecha |
| 4° | 4 arriba |
| 5° | 1 derecha |
| 6° | 4 abajo |
| 7° | 4 derecha |
| 8° | 4 arriba |
| 9° | 1 derecha |
| 10° | 4 abajo |
| 11° | 3 derecha |
| 12° | seguir puntos |
| 13° | 3 izquierda |
| 14° | seguir puntos hasta el final |

**49.** Une con flechas cada dos trozos para formar fruteros.

**50.** Dibuja en los cuadros las figuras, con líneas que vayan siempre de punto a punto.

Puntos

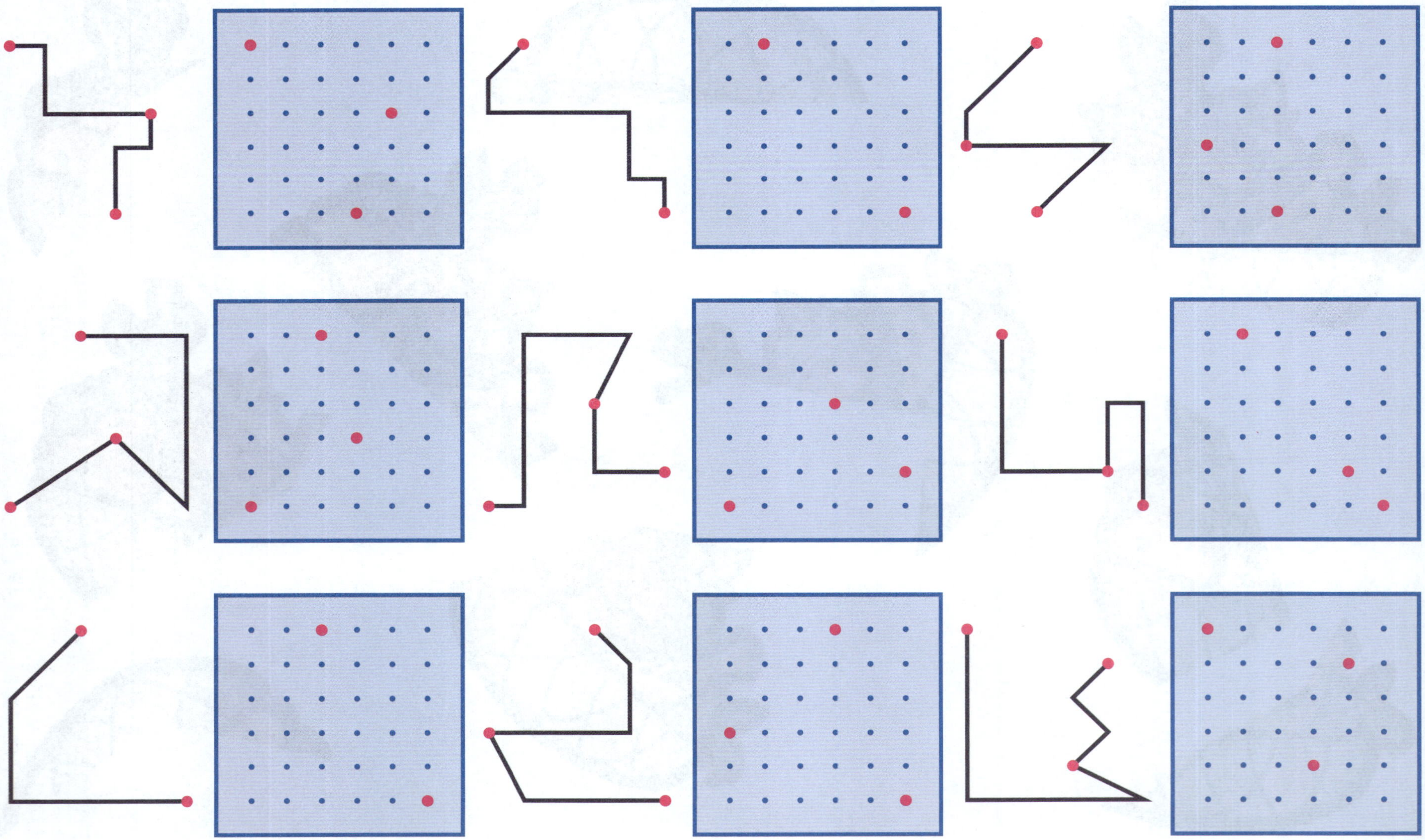

**51.** Guía a la mariquita a la salida, procurando no entrar por callejones sin salida.
Copia la figura de la derecha, contando bien los puntos.

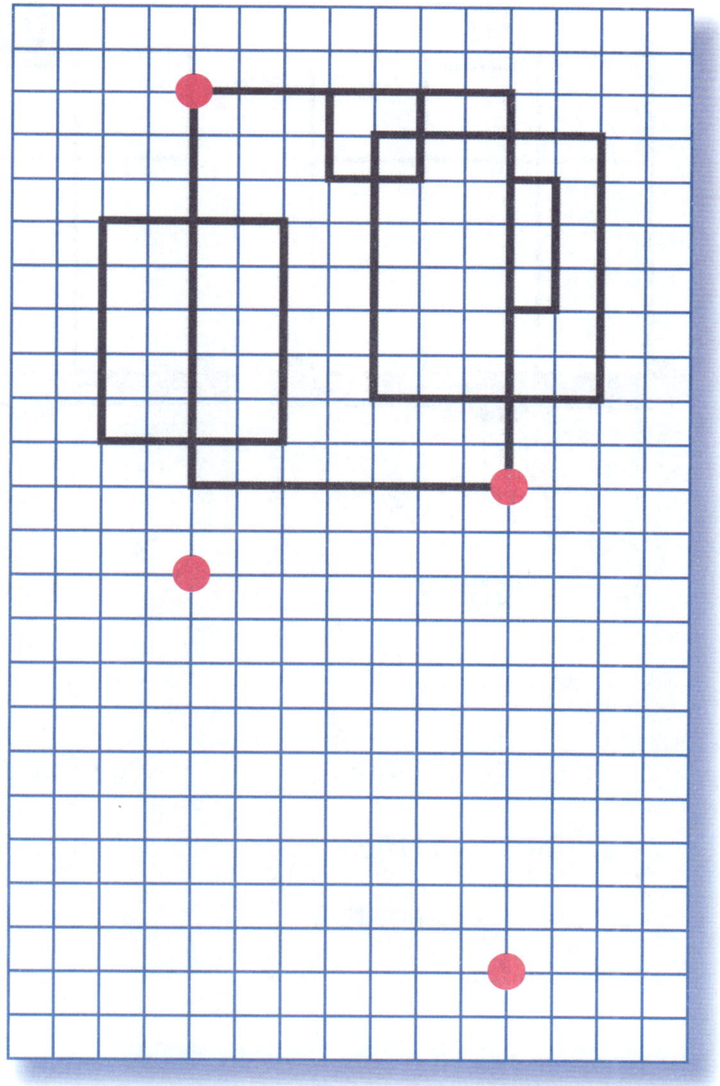

**52.** Colorea los cuadros como se indica debajo.

Puntos

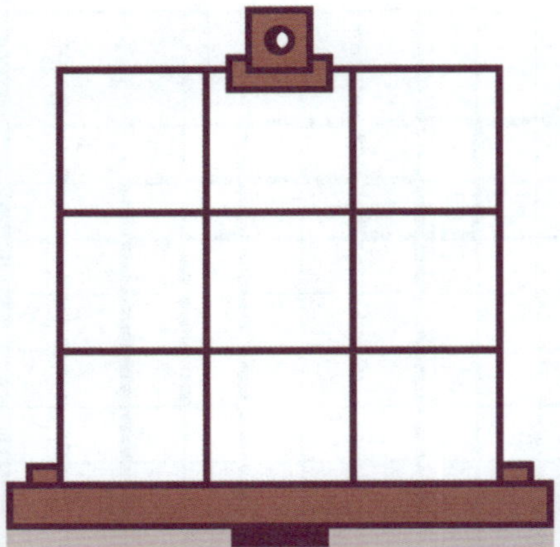

**VERDE**

1. CENTRO CENTRO
2. ARRIBA CENTRO
3. ABAJO CENTRO

**MARRÓN**

1. ARRIBA IZQUIERDA
2. CENTRO IZQUIERDA
3. ABAJO IZQUIERDA

**AZUL**

1. ABAJO CENTRO
2. CENTRO IZQUIERDA
3. ARRIBA CENTRO

**ROJO**

1. ABAJO CENTRO
2. ARRIBA DERECHA
3. ARRIBA IZQUIERDA

**53.** Recorta estos dibujos y pégalos por orden en la página siguiente.
Antes de pegarlos comprueba el orden en que debes hacerlo.

53. Pega en el cuadro de la izquierda los trozos recortados. Si lo haces ordenadamente tendrás el mismo dibujo que hay en la derecha.

Puntos

**54.** Estas figuras han girado a la izquierda. Ahora dibuja tú lo que les falta, teniendo en cuenta el movimiento que han hecho.

Ejemplo:

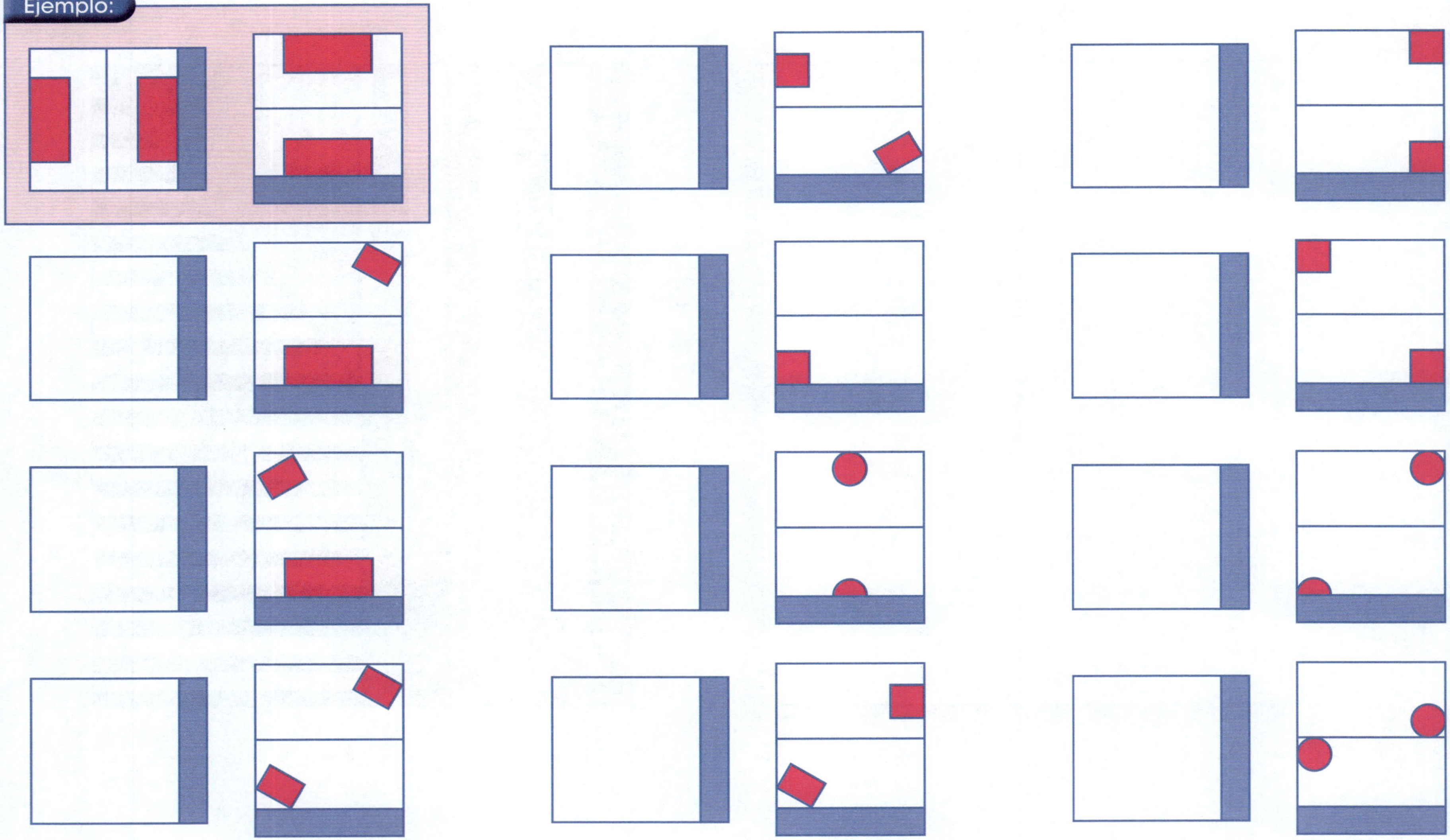

**55.** Recorta estos dibujos y pégalos en la página siguiente.
Antes de pegarlos comprueba la posición en que debes hacerlo.

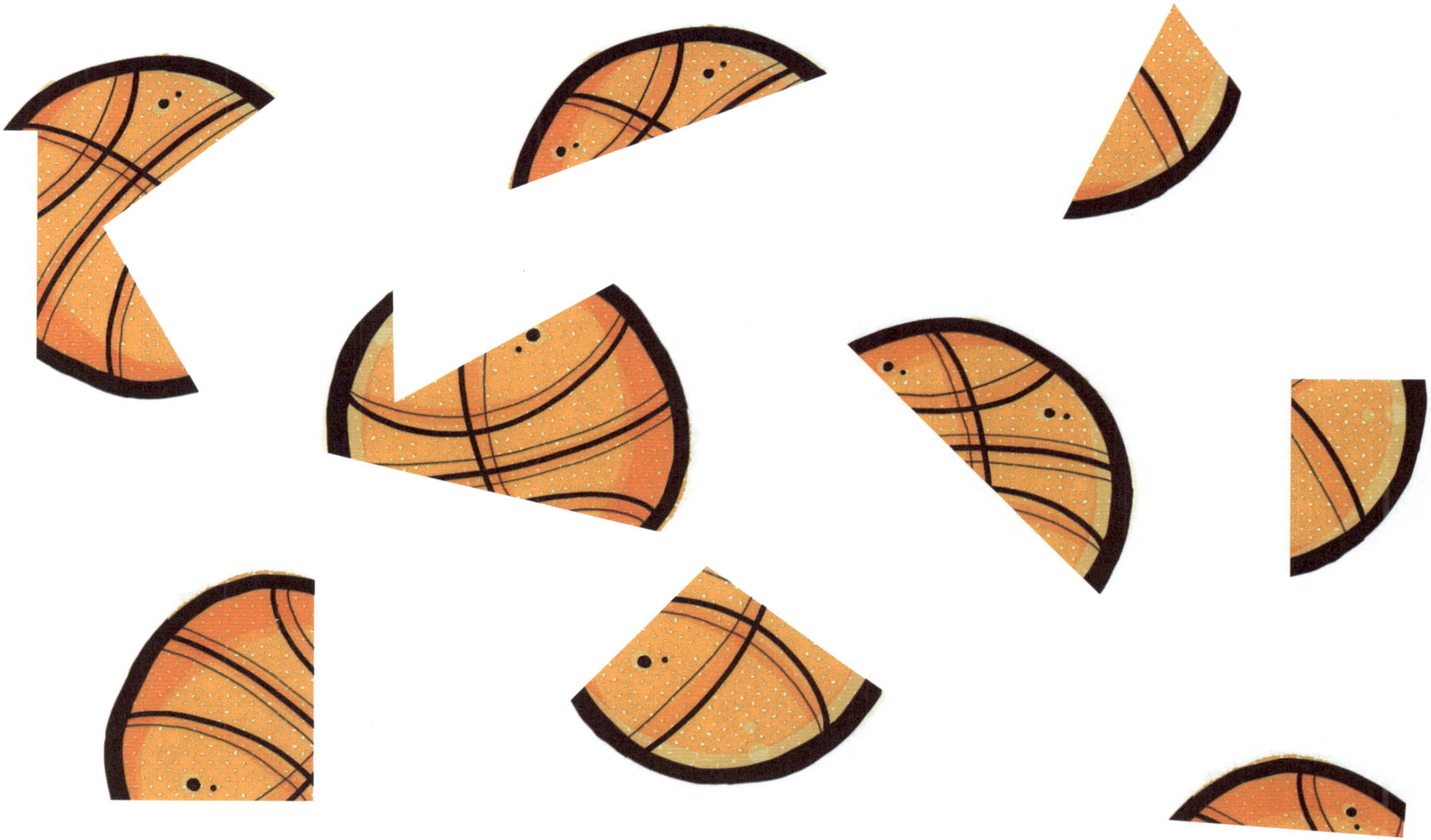

55. Pega los dibujos de manera que formes bien tres balones de baloncesto.

**56.** Traza líneas con una pintura, siguiendo las instrucciones. Empieza en el punto indicado. Finalmente completa a tu gusto el dibujo.

Puntos

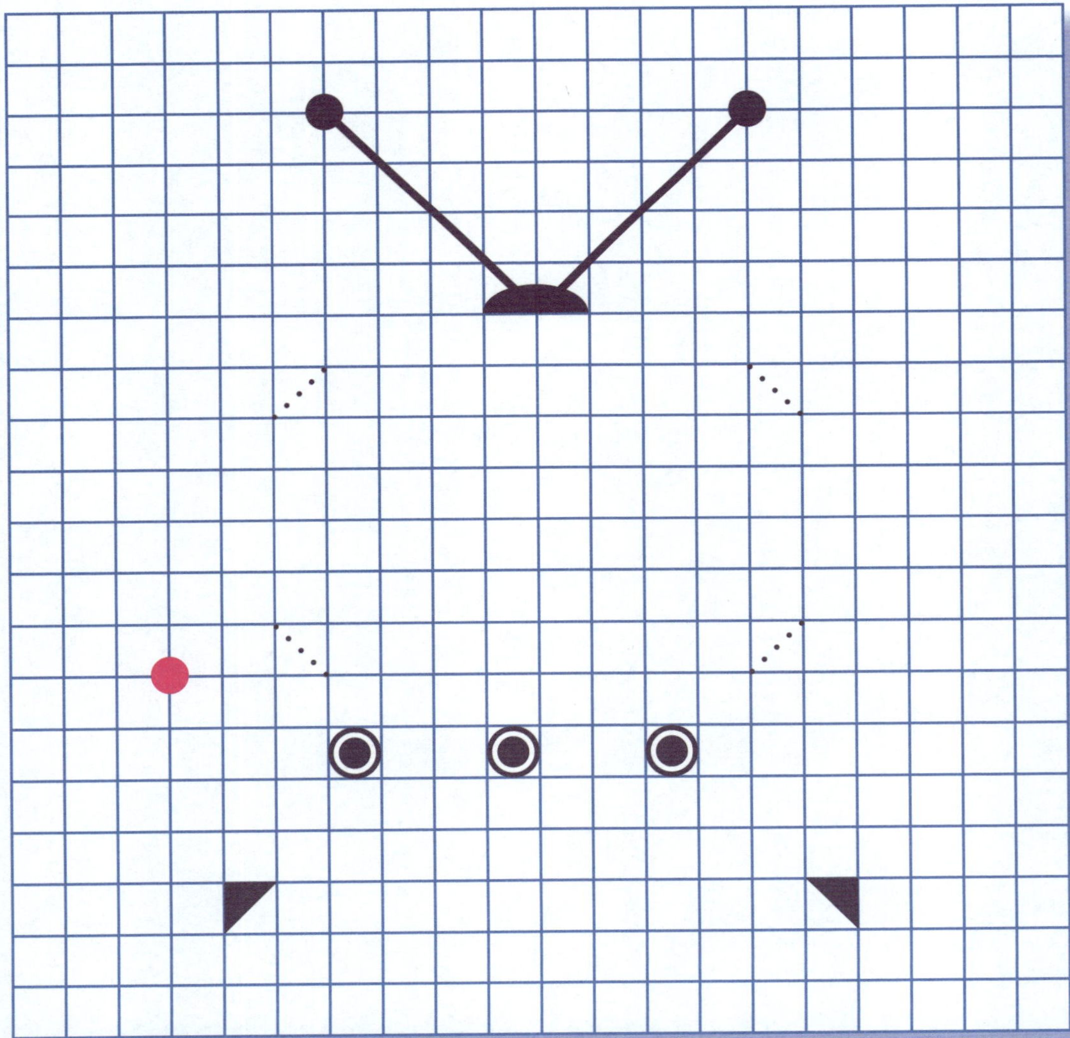

| | |
|---|---|
| 1° | 4 abajo |
| 2° | 14 derecha |
| 3° | 4 arriba |
| 4° | 3 izquierda |
| 5° | seguir puntos |
| 6° | 4 arriba |
| 7° | seguir puntos |
| 8° | 8 izquierda |
| 9° | seguir puntos |
| 10° | 4 abajo |
| 11° | seguir puntos |
| 12° | 3 izquierda |
| 13° | 7 arriba |
| 14° | 14 derecha |
| 15° | 7 abajo |
| 16° | 14 izquierda |

**57.** Guía a la bruja hasta donde está su escoba. Pinta con color distinto el camino más corto y otro mucho más largo.

Puntos

**58.** Dibuja en los cuadros las figuras, con líneas que vayan siempre de punto a punto.

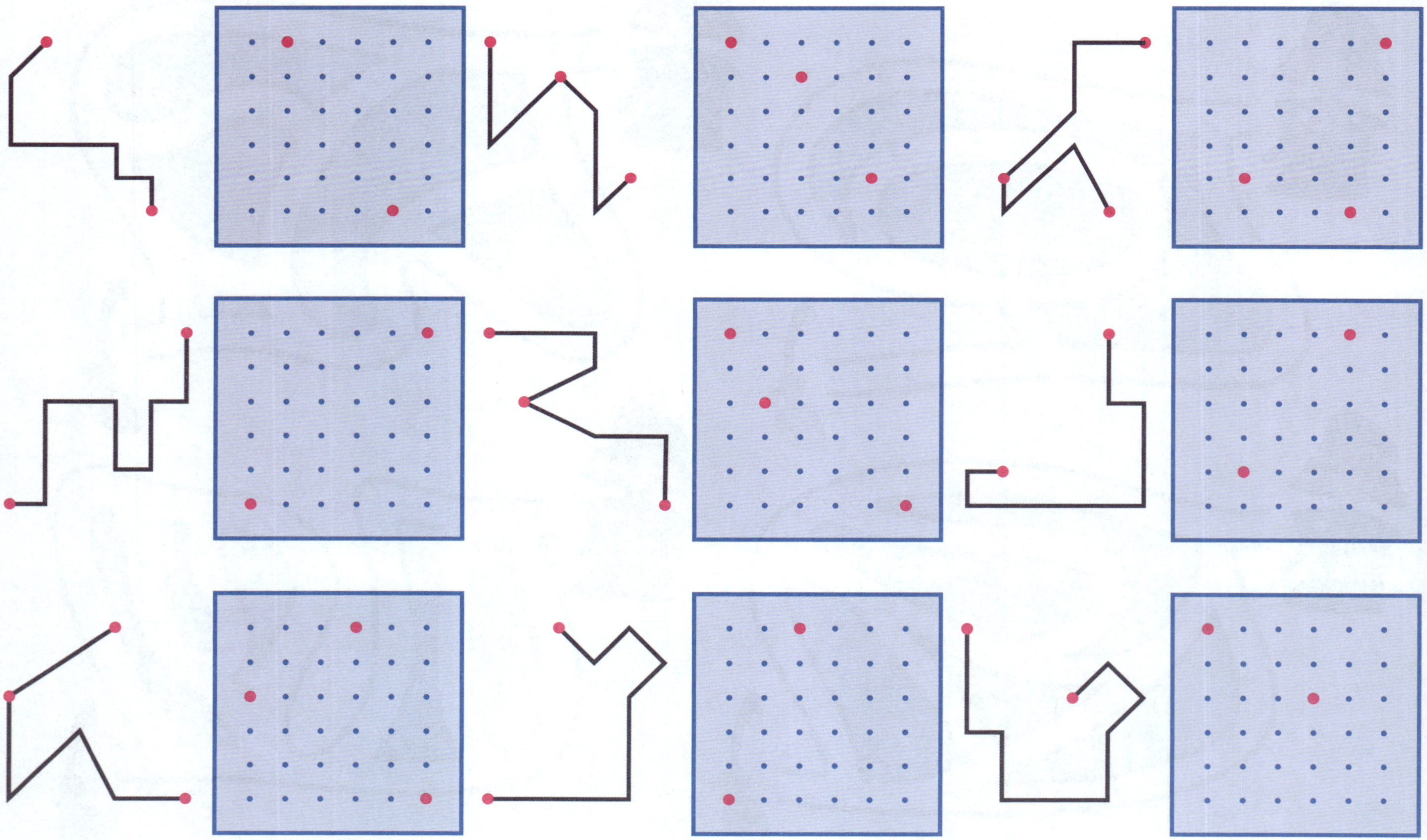

**59.** Haz lo que se te indica en cada dibujo.

- Colorea de rojo la ventana **izquierda.**
- Colorea de azul la ventana **derecha.**
- Colorea de verde el arbusto que está a la **izquieda** de la iglesia.

- Colorea de rojo el perro que está a la **izquierda** del niño.
- Colorea de azul el perro que está a la **derecha** del niño.
- Colorea de amarillo el pato que está **delante** del niño.

**60.** Guía a la señora hasta donde está el bolso que ha perdido. Procura no entrar en los callejones sin salida.

Puntos

**61.** Traza líneas con una pintura, siguiendo las instrucciones. Empieza en el punto indicado. Finalmente completa a tu gusto el dibujo.

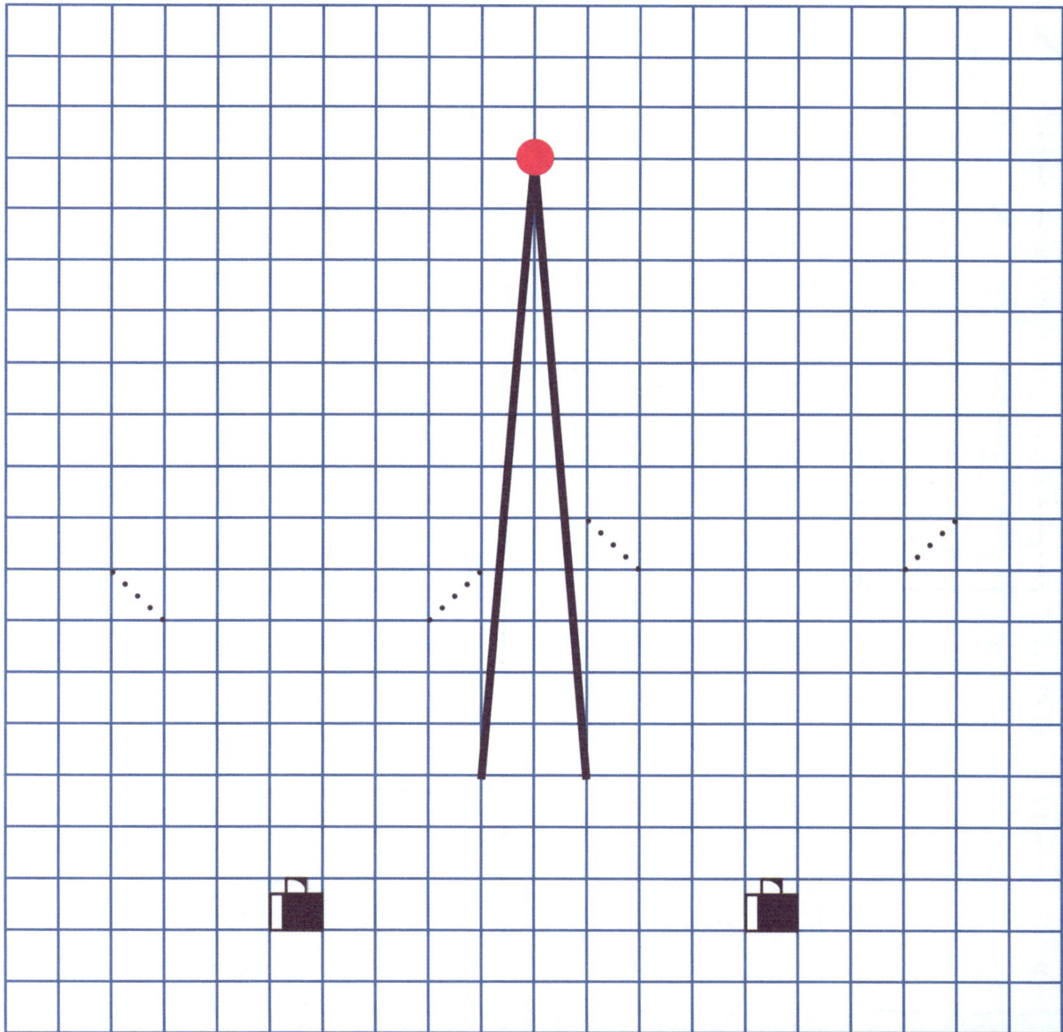

| | |
|---|---|
| 1° | 12 abajo |
| 2° | 4 izquierda |
| 3° | 3 arriba |
| 4° | 2 derecha |
| 5° | seguir puntos |
| 6° | 7 izquierda |
| 7° | seguir puntos |
| 8° | 2 derecha |
| 9° | 5 abajo |
| 10° | 10 izquierda |
| 11° | 6 arriba |
| 12° | 2 derecha |
| 13° | seguir puntos |
| 14° | 7 izquierda |
| 15° | seguir puntos |
| 16ª | 2 derecha |
| 17ª | 4 abajo |
| 18° | 4 izquierda |

**62.** Dibuja en los cuadros las figuras, con líneas que vayan siempre de punto a punto.

Puntos

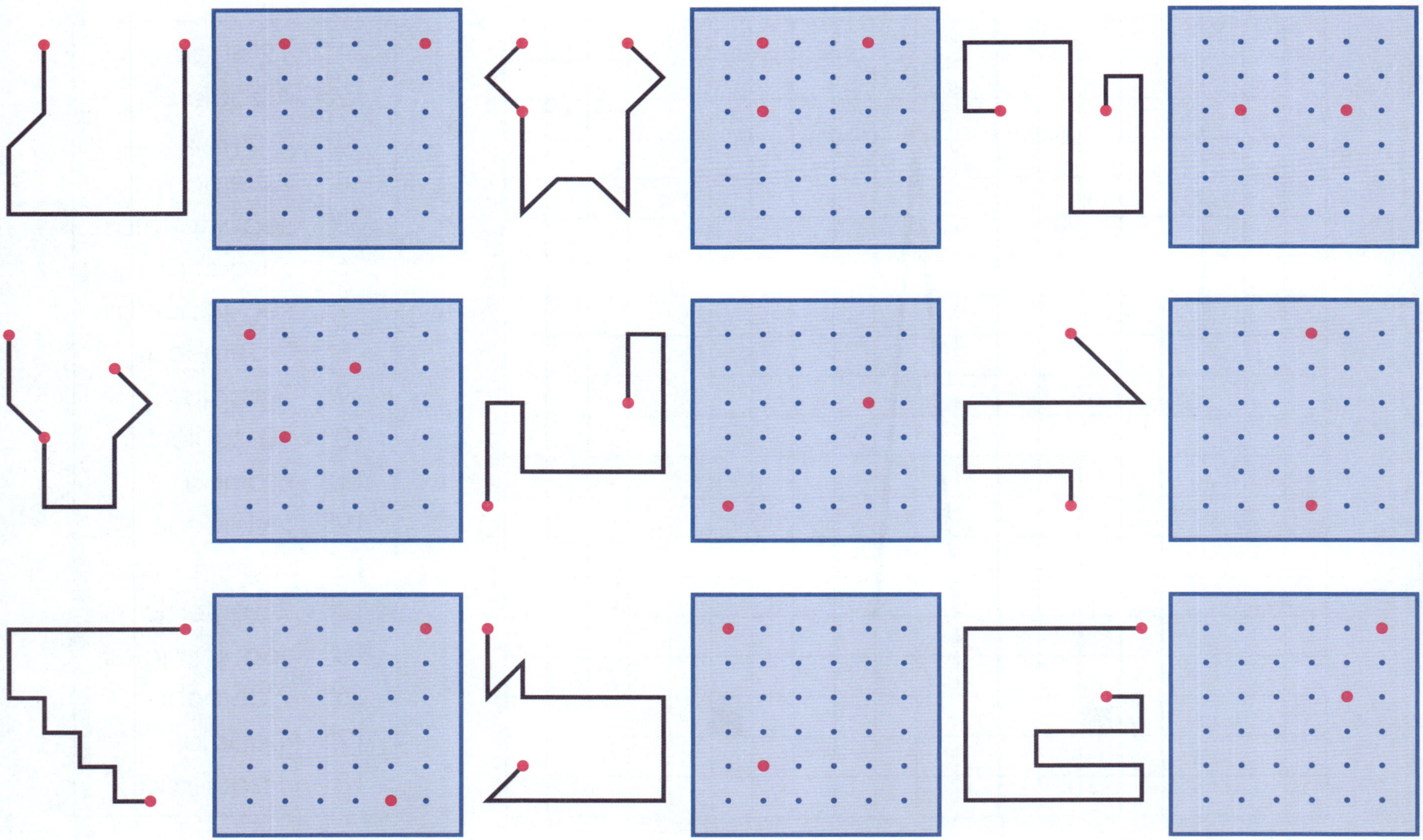

**63.** Colorea de azul las maletas que estos señores llevan en su mano izquierda.
Colorea de rojo las maletas que estos señores llevan en su mano derecha.

**64.** Colorea las maletas del mismo color que las de los modelos.

Puntos

Modelos

**65.** Une con flechas las figuras iguales, aunque estén cambiadas de posición.

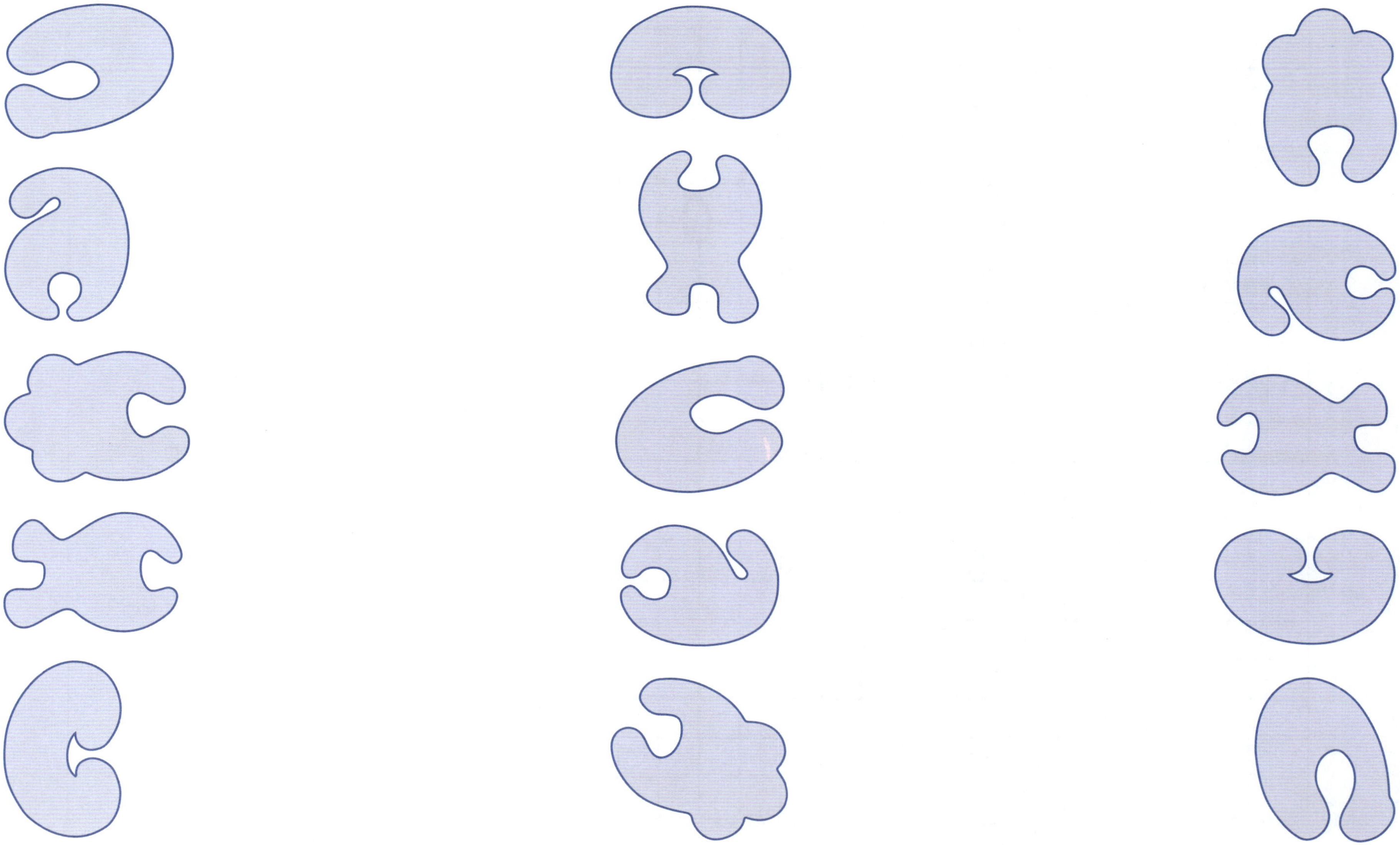

**66.** Traza líneas con una pintura, siguiendo las instrucciones. Empieza en el punto indicado. Finalmente completa a tu gusto el dibujo.

Puntos

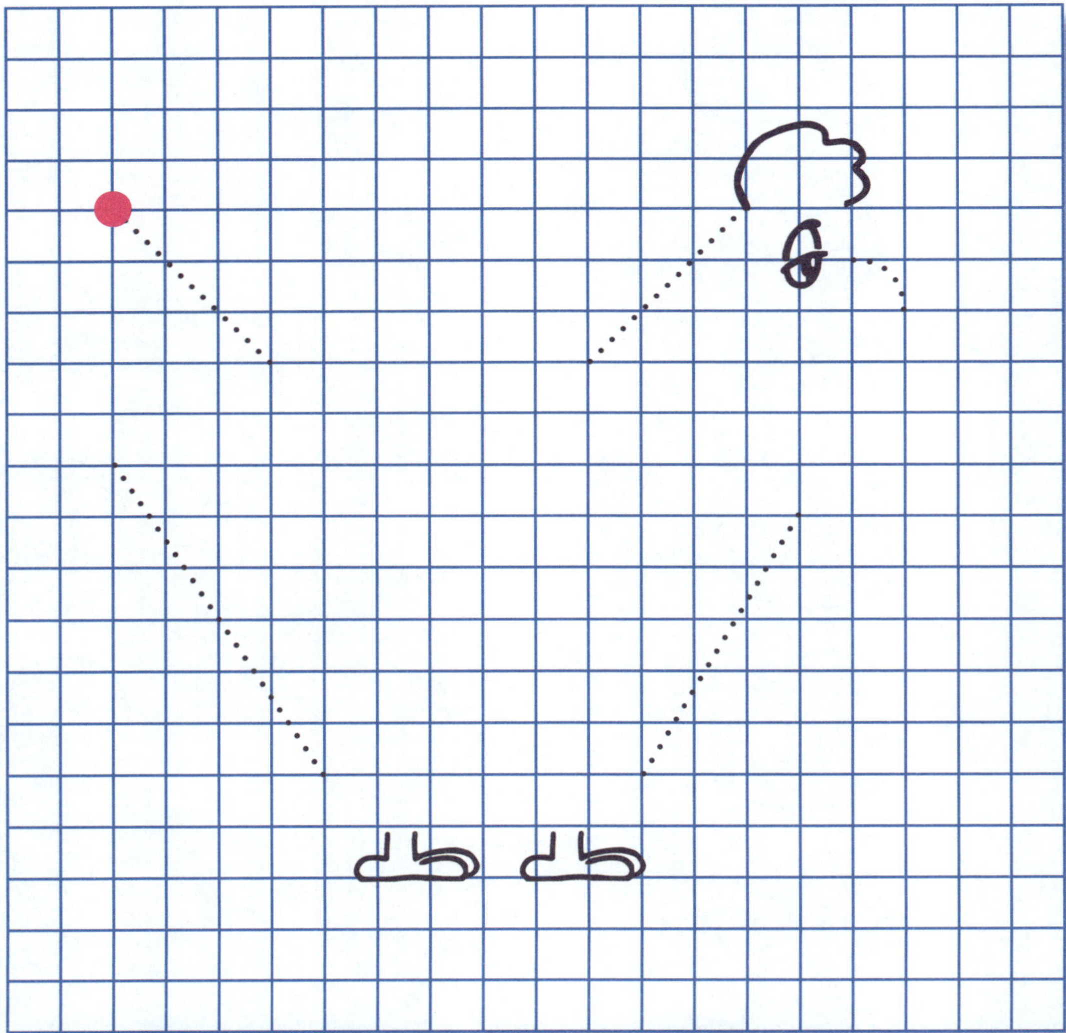

| | |
|---|---|
| 1° | 5 abajo |
| 2° | seguir puntos |
| 3° | 1 derecha |
| 4° | 1 abajo |
| 5° | 1 derecha |
| 6° | 1 arriba |
| 7° | 2 derecha |
| 8° | 1 abajo |
| 9° | 1 derecha |
| 10° | 1 arriba |
| 11° | 1 derecha |
| 12° | seguir puntos |
| 13° | 4 arriba |
| 14° | 2 derecha |
| 15° | seguir puntos |
| 16° | 1 arriba |
| 17° | 2 izquierda |
| 18° | seguir puntos |
| 19° | 6 izquierda |
| 20° | seguir puntos |

**67.** Copia las figuras de forma simétrica. Los puntos te servirán de ayuda.

Ejemplo:

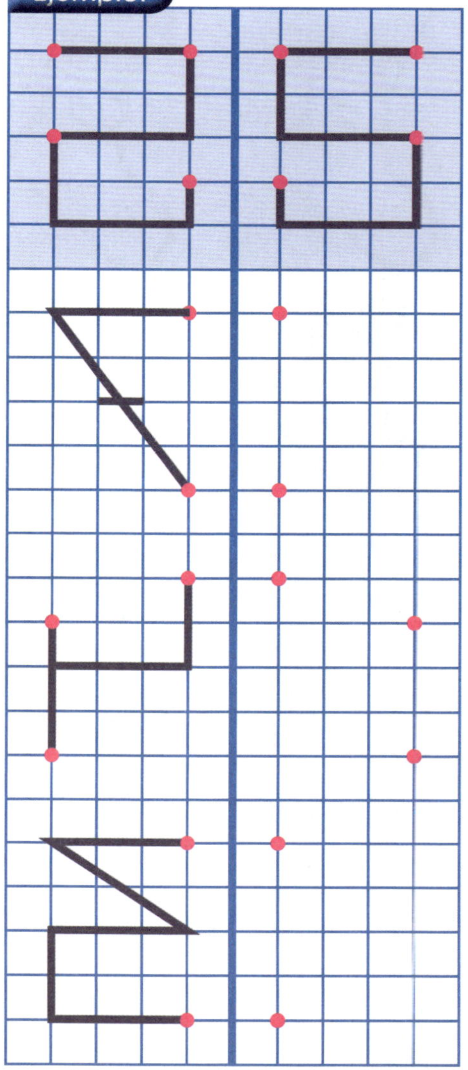

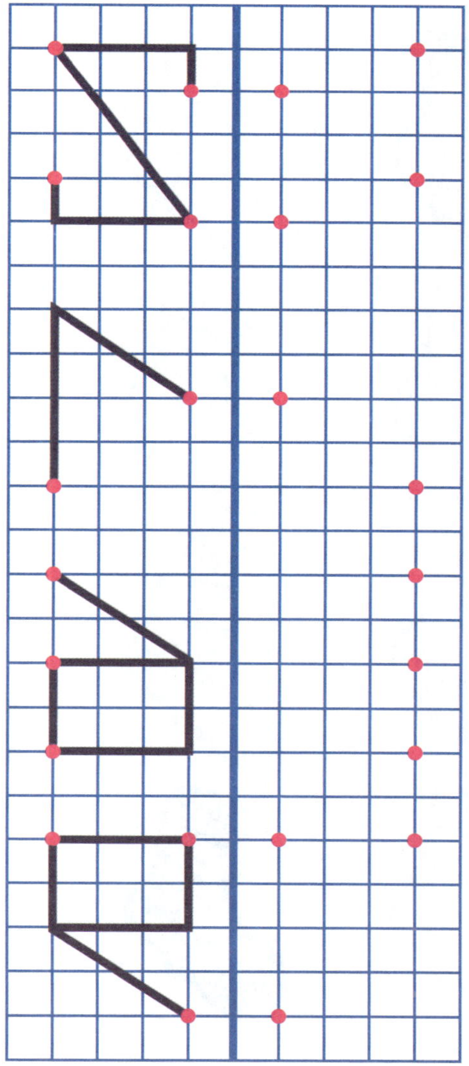

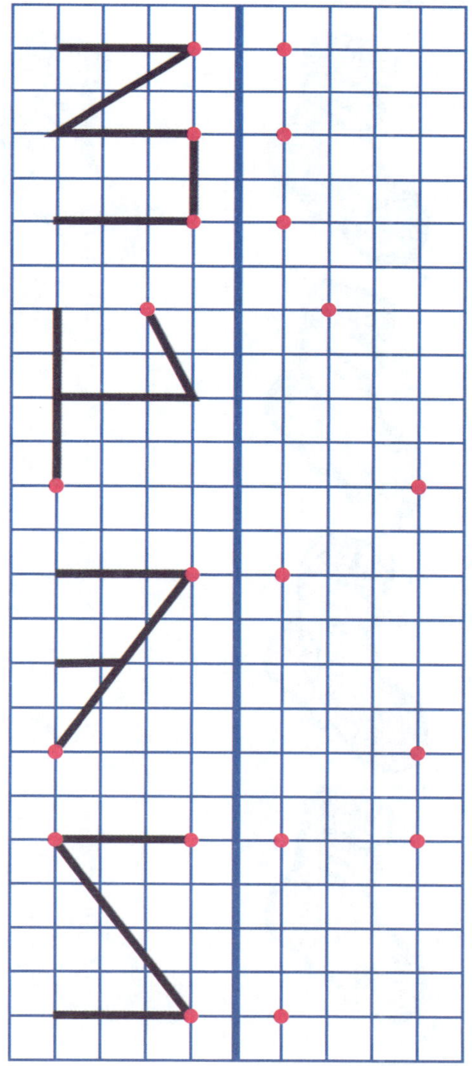

**Puntos**

**68.** Todos estos calcetines deben seguir el orden, de arriba-abajo, de colores del modelo. Coloréalos a partir del color que ya tienen.

**Modelo**

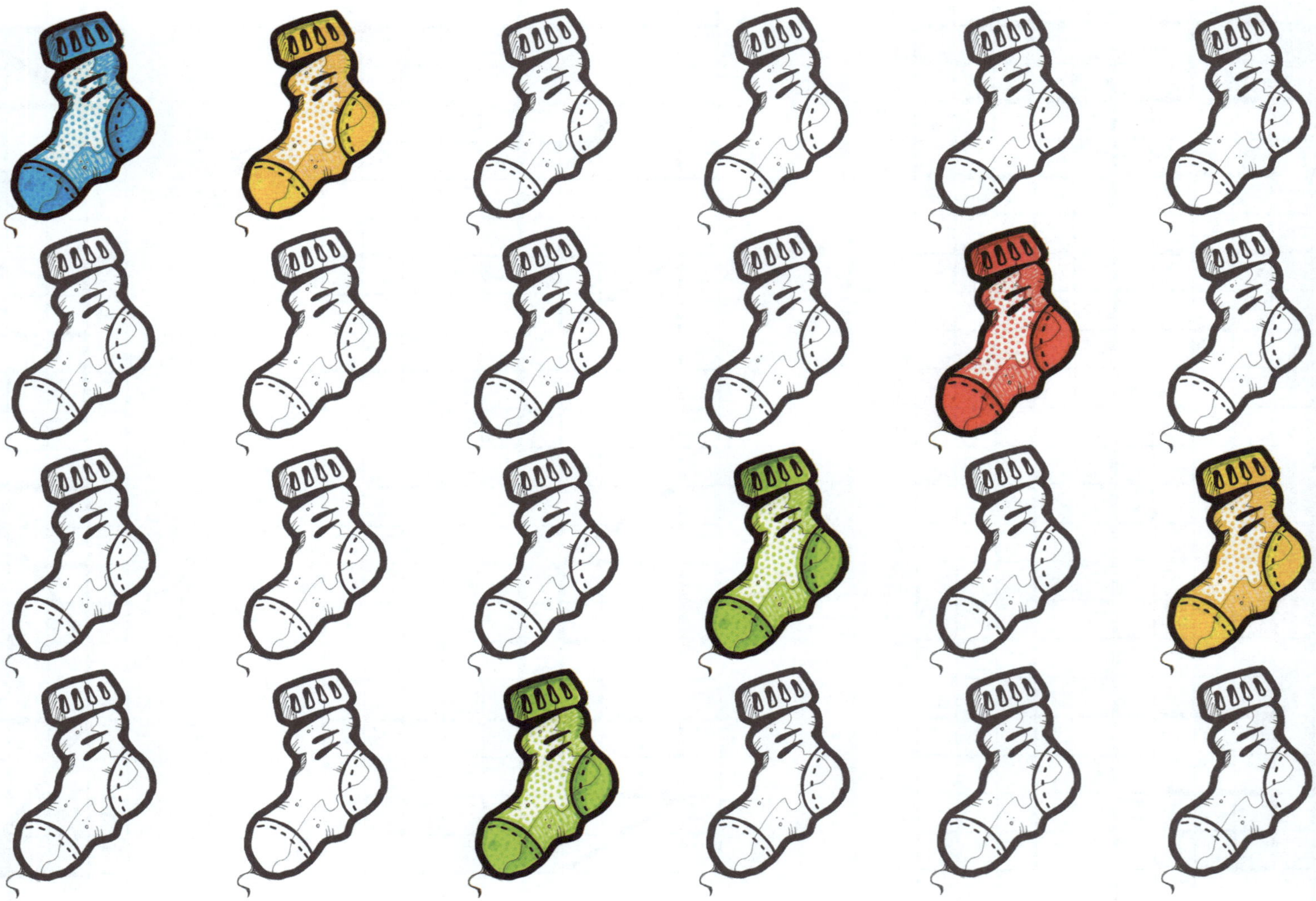

**69.** Dibuja en los cuadros las figuras, con líneas que vayan siempre de punto a punto.

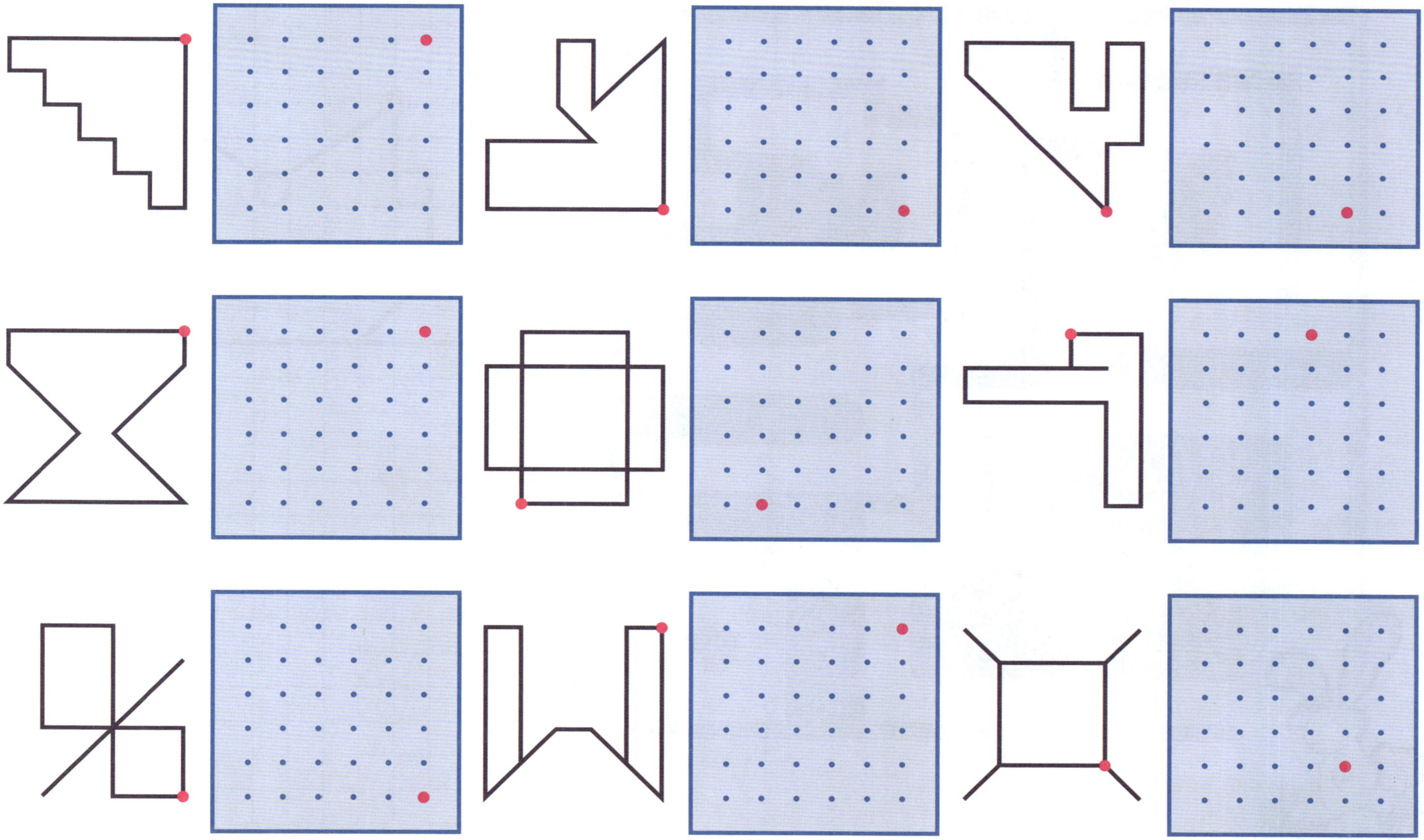

**70.** Guía al conejo hasta la zanahoria.
Copia el dibujo del lado derecho, contando bien los cuadros.

Puntos

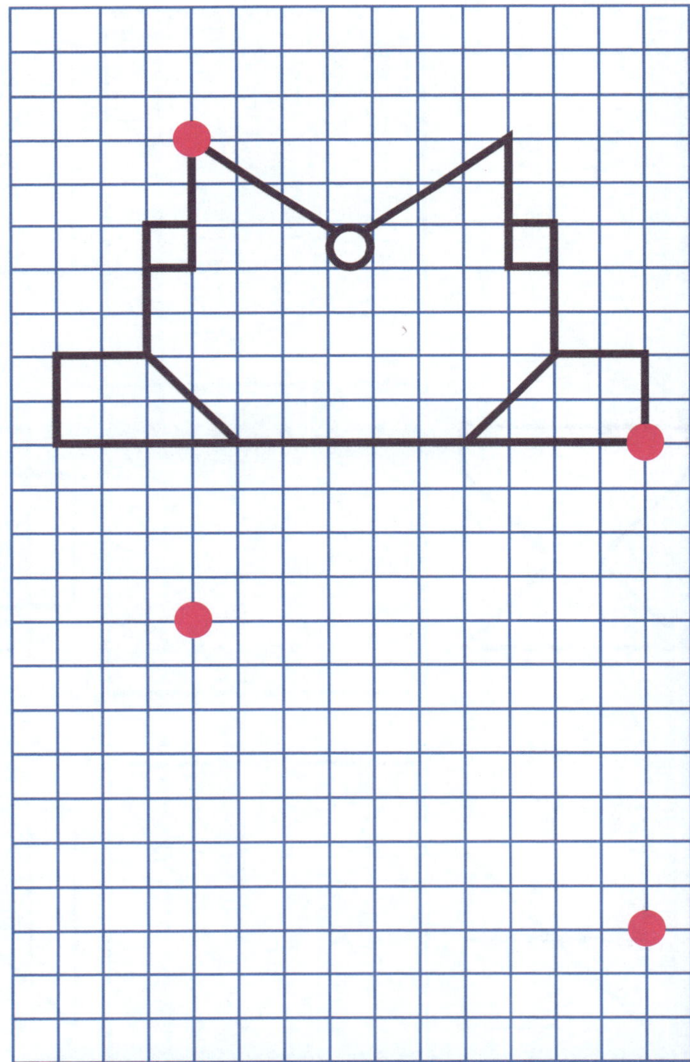

**71.** Recorta estos dibujos y pégalos en la página siguiente.
Antes de pegarlos comprueba el orden en que debes hacerlo.

**71.** Pega los dibujos de manera que formes bien dos bricks de leche.

**72.** Traza líneas con una pintura, siguiendo las instrucciones. Empieza en el punto indicado. Finalmente completa a tu gusto el dibujo.

Puntos

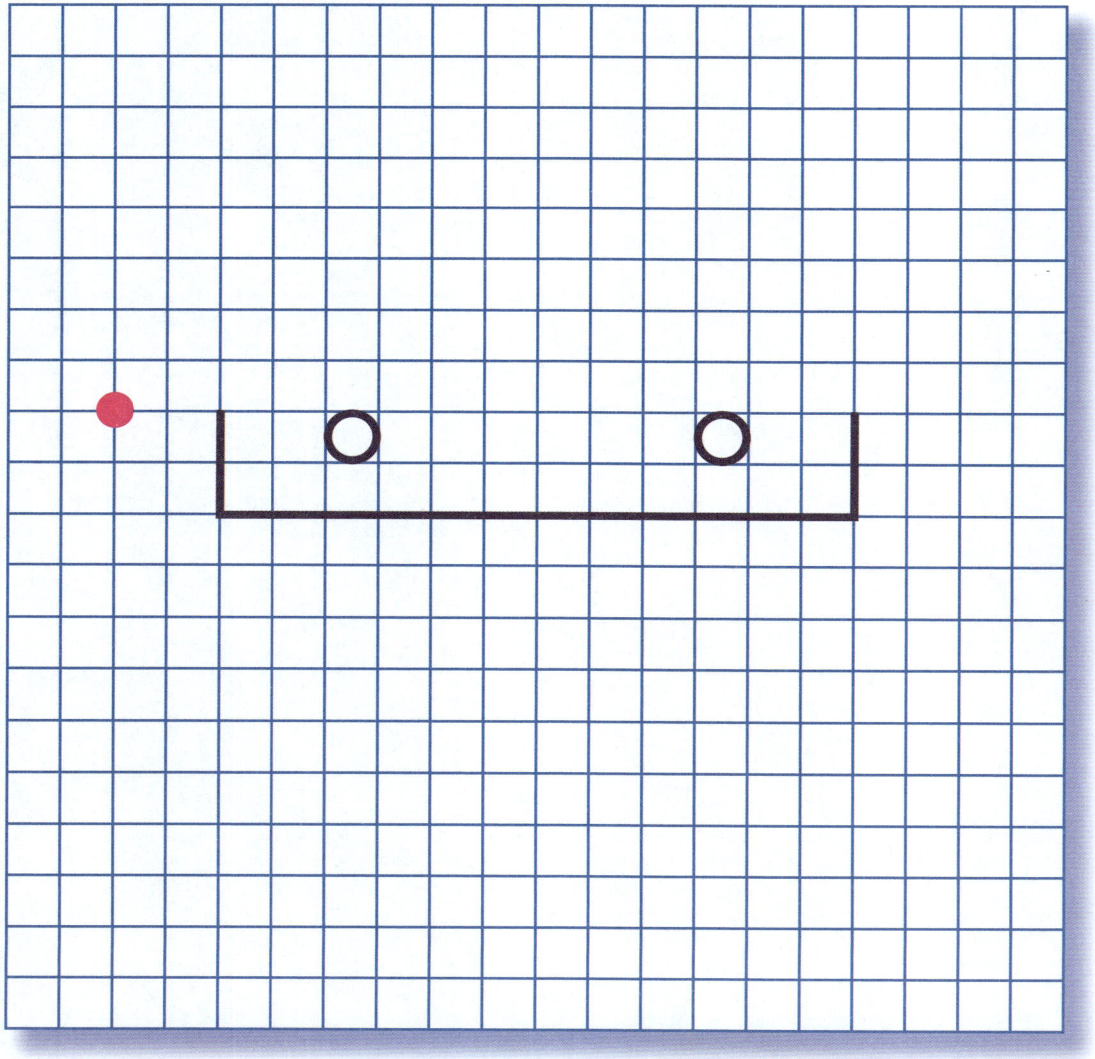

| | |
|---|---|
| 1° | 1 izquierda |
| 2° | 1 arriba |
| 3° | 18 derecha |
| 4° | 1 abajo |
| 5° | 17 izquierda |
| 6° | 3 abajo |
| 7° | 3 derecha |
| 8° | 6 abajo |
| 9° | 2 derecha |
| 10° | 6 arriba |
| 11° | 6 derecha |
| 12° | 6 abajo |
| 13° | 2 derecha |
| 14° | 6 arriba |
| 15° | 3 derecha |
| 16° | 3 arriba |

**73.** Recorta estos cuadros y llévalos a la página siguiente.

**73.** Pega los cuadros ordenándolos de mayor a menor.

**1**
**MAYOR**

**2**

**3**

**4**

**5**

**6**

**7**

**8**
**MENOR**

Puntos

**74.** Guía a la gata hasta donde ha perdido a su gatito. Pinta de distinto color el camino más corto y otro mucho más largo.

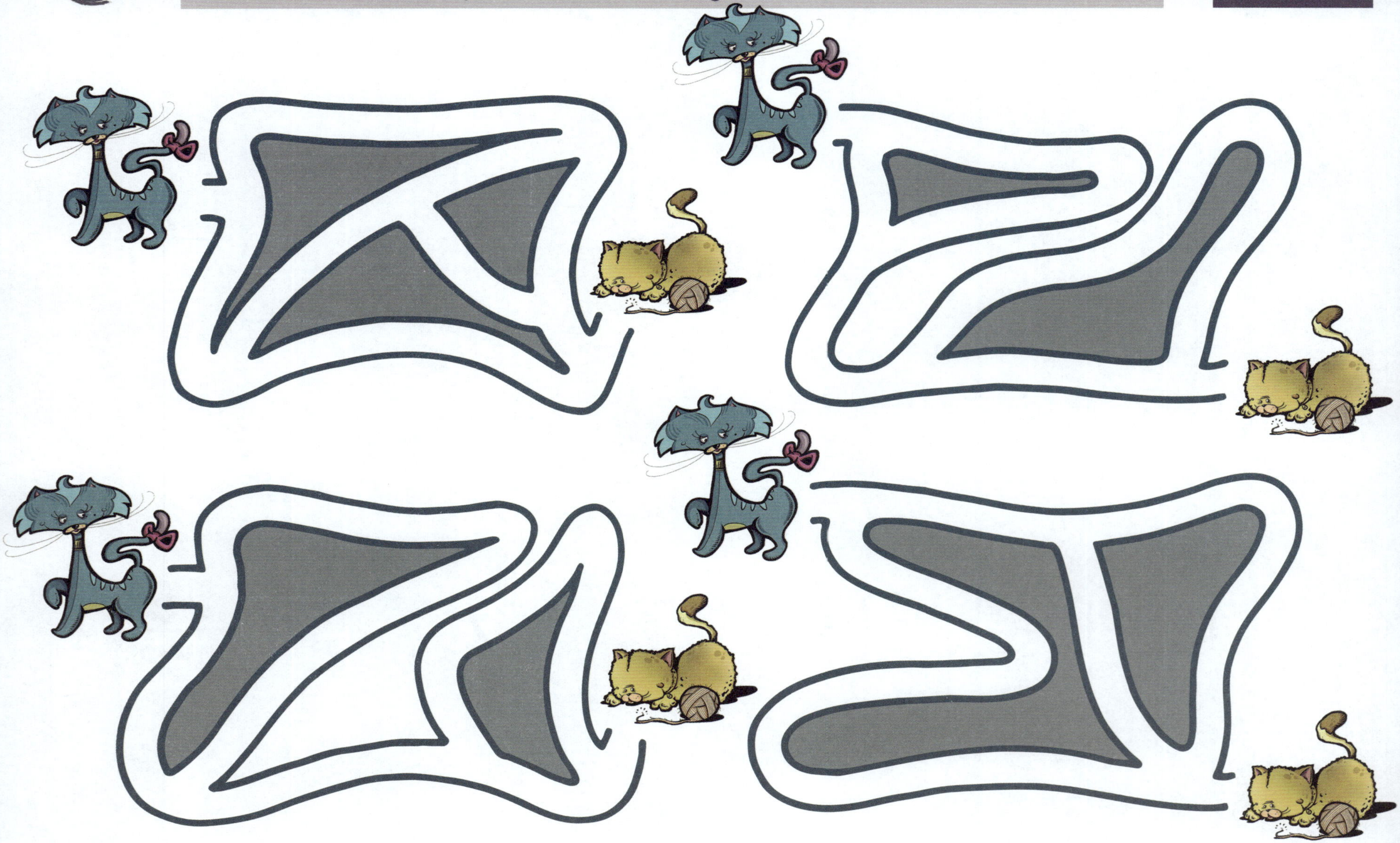

**75.** Dibuja en los cuadros las figuras, con líneas que vayan siempre de punto a punto.

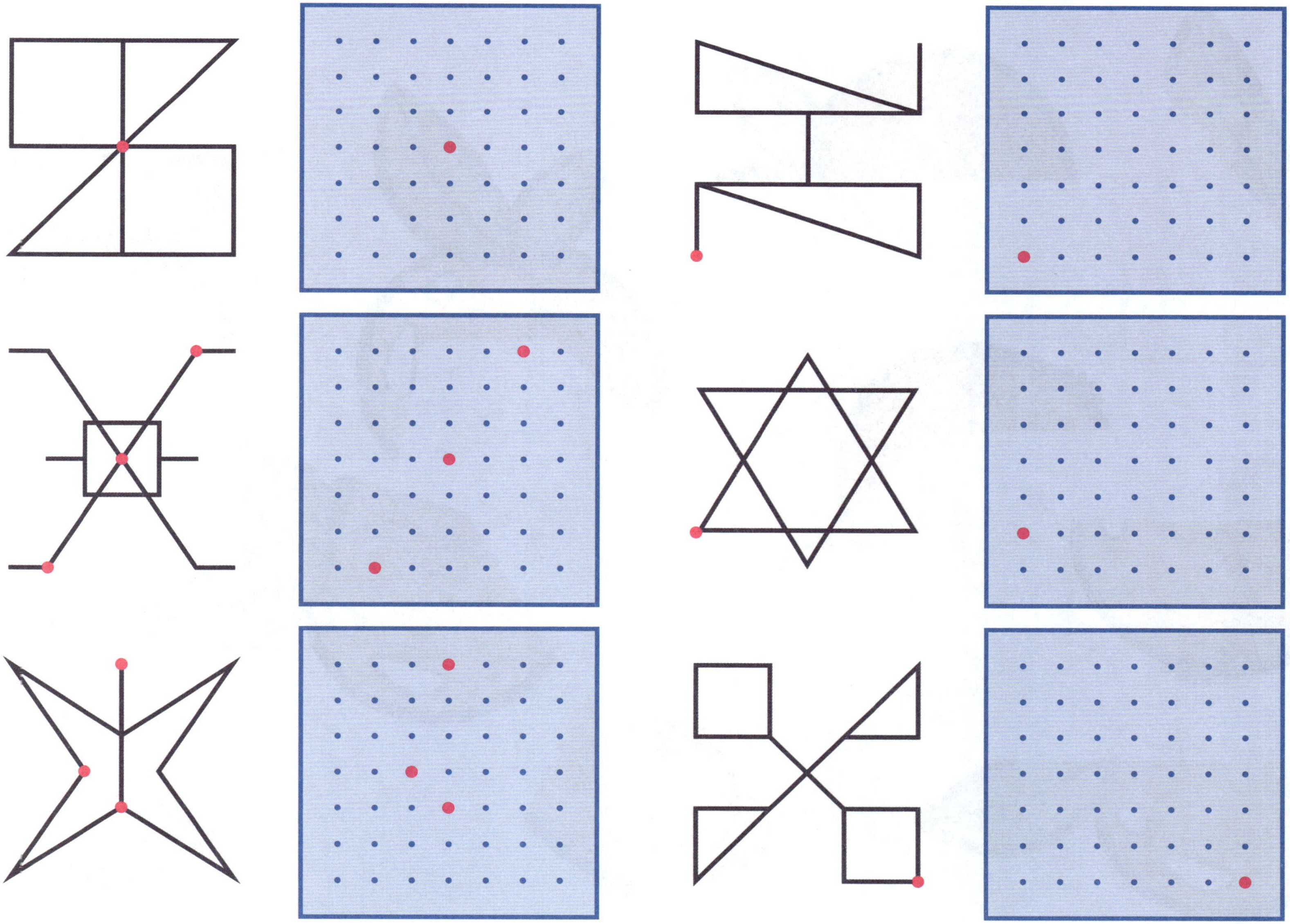

76. Une con flechas cada dos trozos para formar naranjas.

Puntos

**77.** Traza líneas con una pintura, siguiendo las instrucciones. Empieza en el punto indicado. Finalmente completa a tu gusto el dibujo.

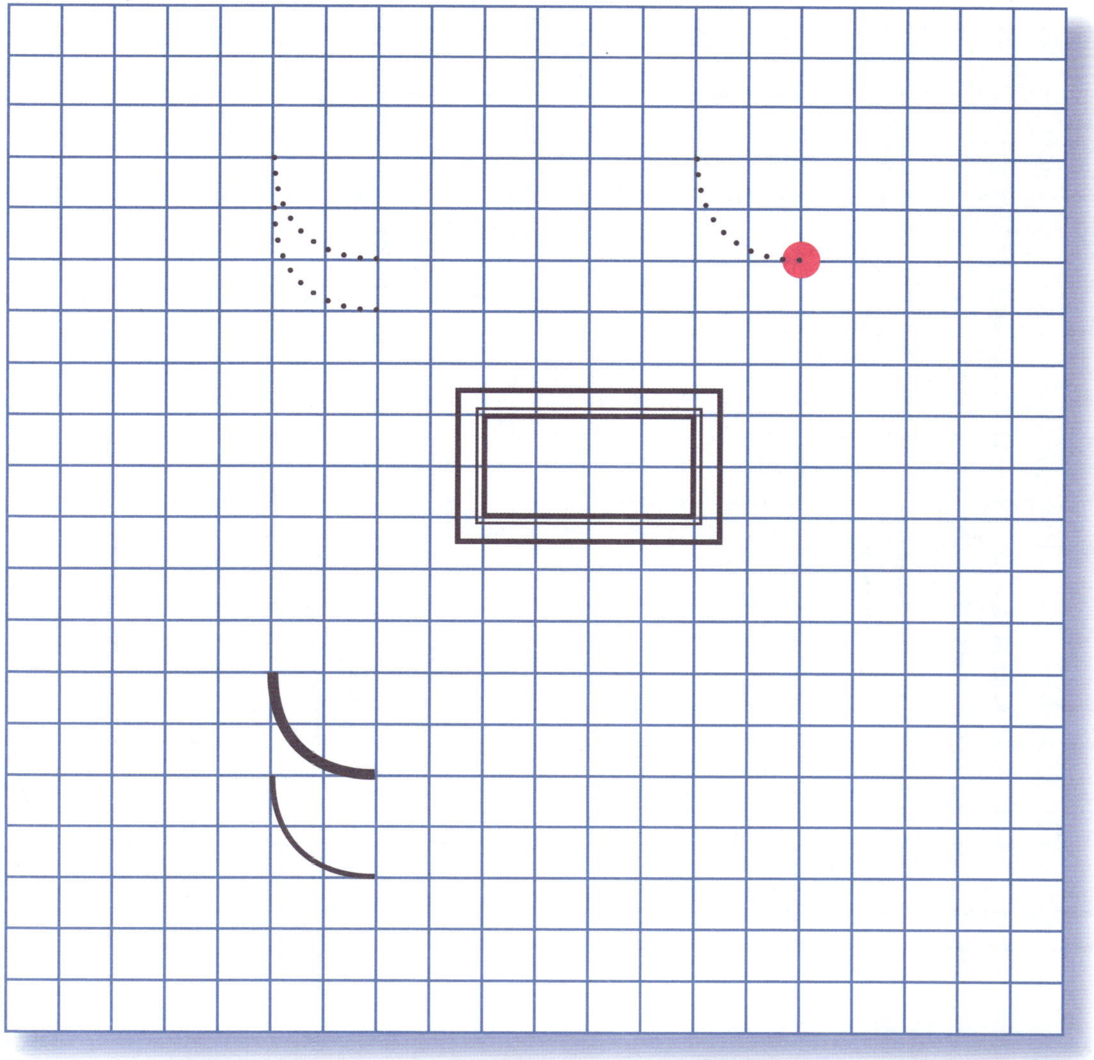

| | |
|---|---|
| 1° | seguir puntos |
| 2° | 8 izquierda |
| 3° | seguir puntos |
| 4° | 8 derecha |
| 5° | 12 abajo |
| 6° | 8 izquierda |
| 7° | 11 arriba |
| 8° | seguir puntos |
| 9° | 11 abajo |

**78.** Guía a la niña hasta la canasta. Procura no meterte en callejones sin salida.

Puntos

**79.** Dibuja en los cuadros las figuras, con líneas que vayan siempre de punto a punto.

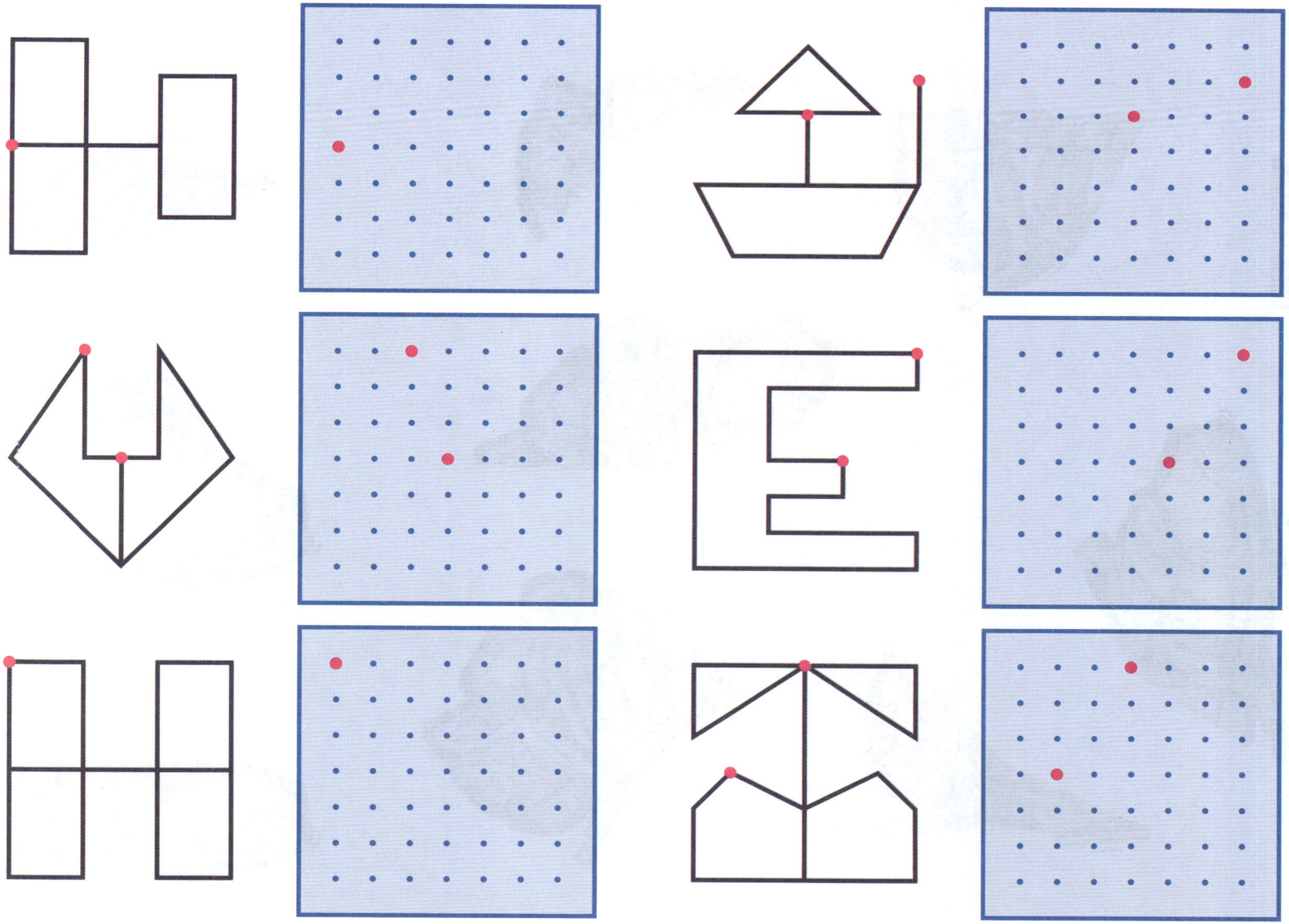

**80.** Une con flechas cada dos trozos para formar zapatillas.

Puntos

**81.** Busca abajo las siluetas de arriba, aunque hayan cambiado de posición.
A cada una ponle el número que tiene arriba.

Puntos

**82.** Colorea los vasos del mismo color que los modelos.

Modelos

## 83. Une con flechas las figuras iguales, aunque estén cambiadas de posición.

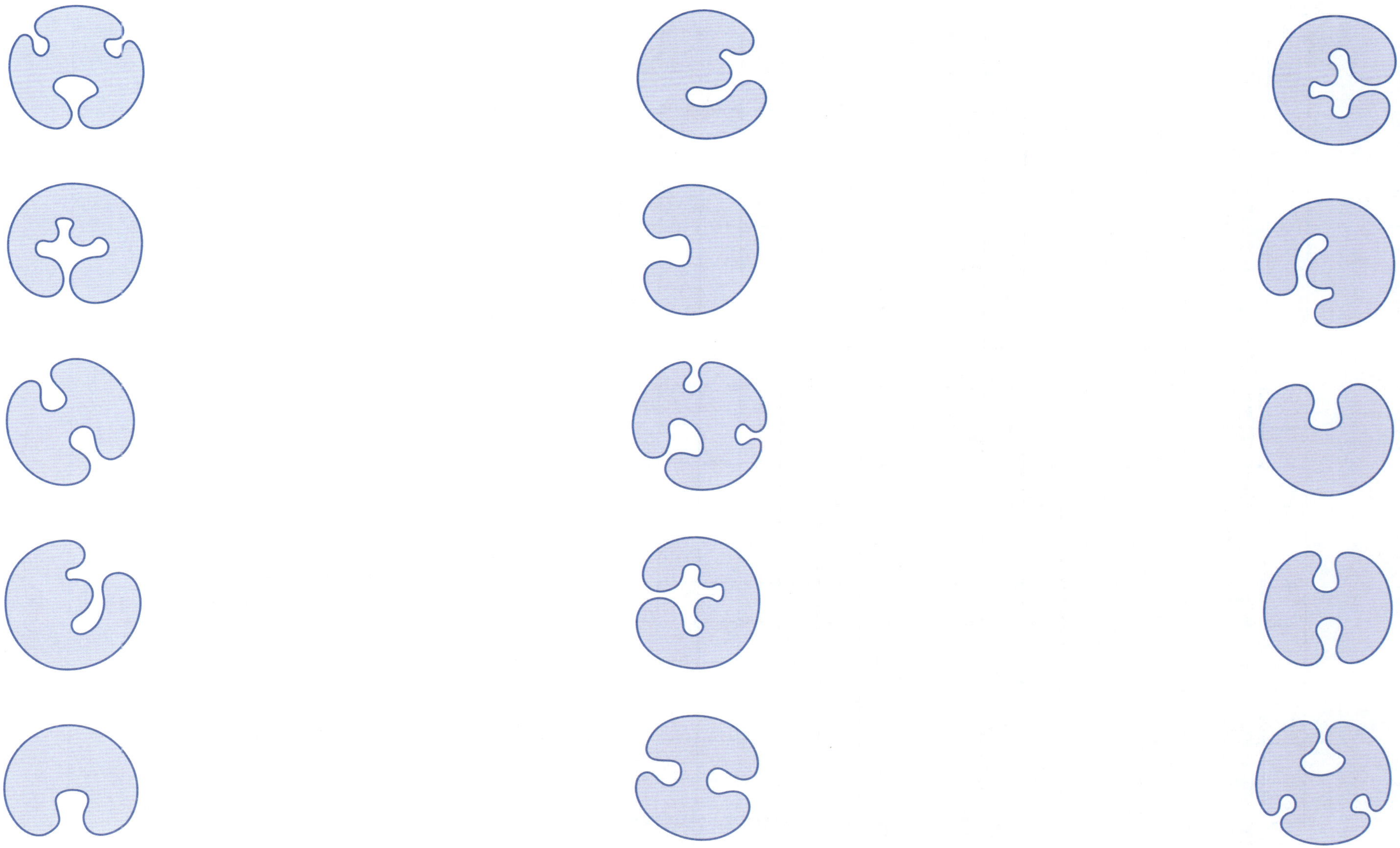

**84.** Traza líneas con una pintura, siguiendo las instrucciones. Empieza en el punto indicado. Finalmente completa a tu gusto el dibujo.

Puntos

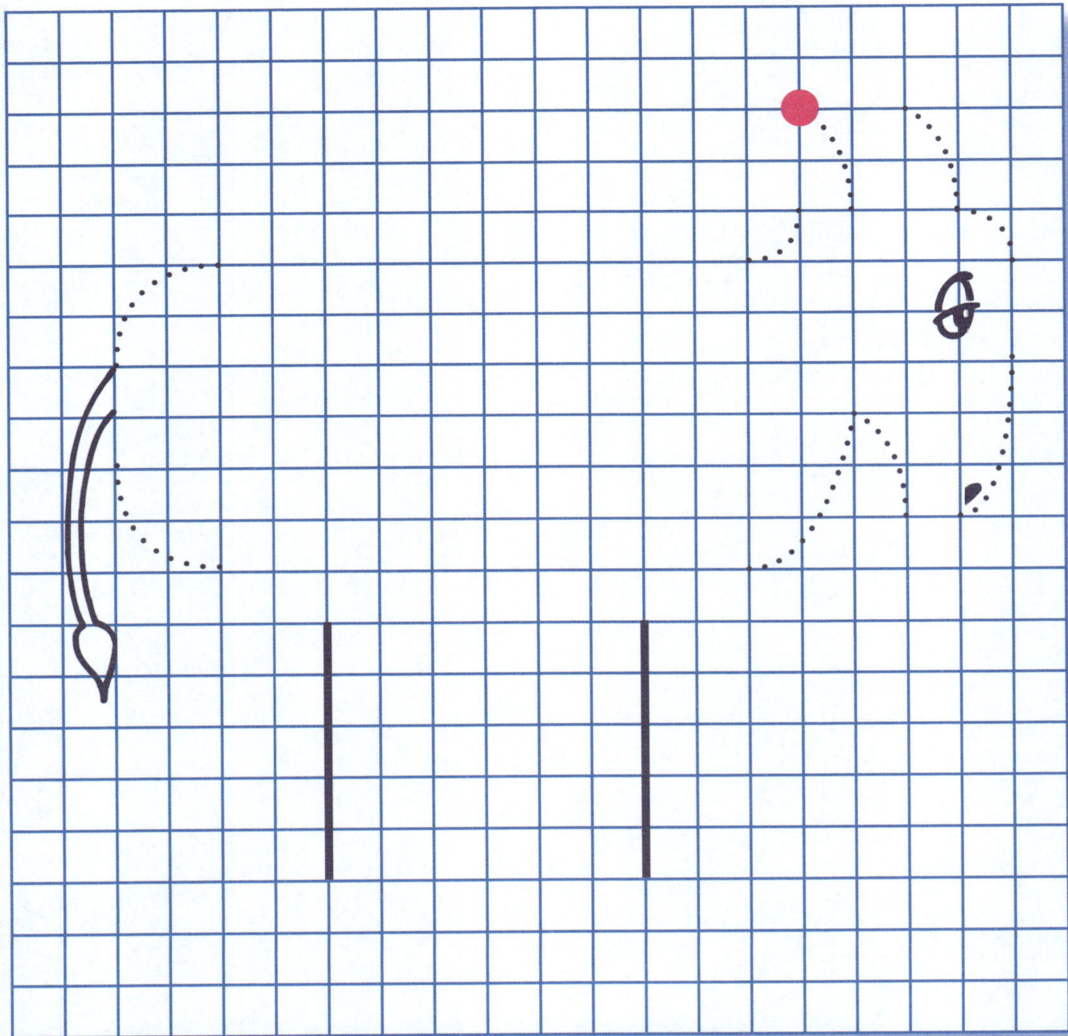

1° 2 abajo
2° seguir puntos
3° 10 izquierda
4° seguir puntos
5° 2 abajo
6° seguir puntos
7° 1 derecha
8° 6 abajo
9° 2 derecha
10° 6 arriba
11° 4 derecha
12° 6 abajo
13° 2 derecha
14° 6 arriba
15° 1 derecha
16° seguir puntos
17° 1 derecha
18° seguir puntos
19° 2 arriba
20° seguir puntos
21° 2 abajo
22° 1 izquierda
23° seguir puntos

## 85. Dobla las figuras hacia abajo como en el ejemplo.

**86.** Dobla las figuras hacia arriba como en el ejemplo.

Puntos

Ejemplo:

**87.** Fíjate en los colores que tiene el cuadro grande. Colorea igual los otros sabiendo que han cambiado de posición.

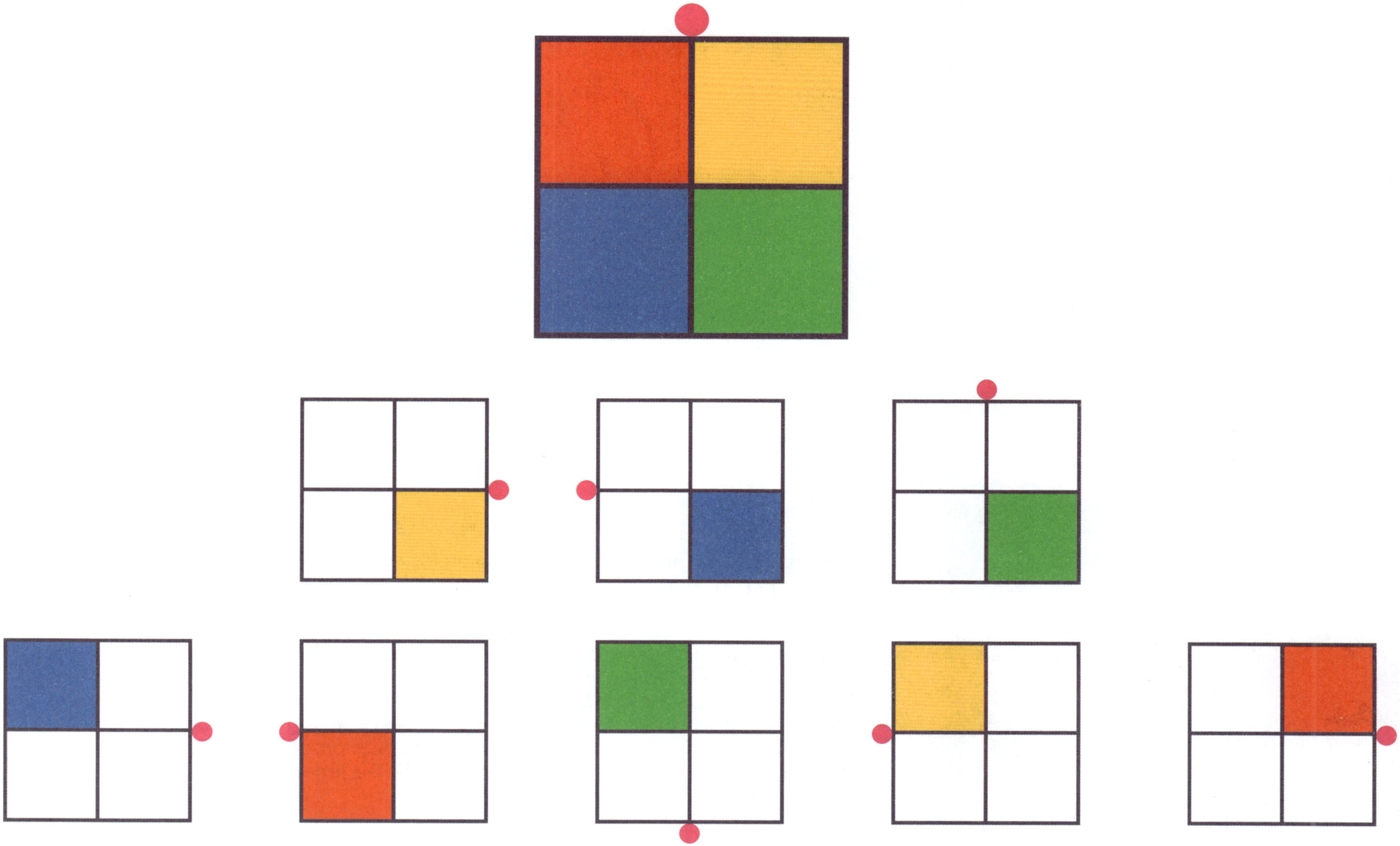

*Cada cuatro puntos de la valoración en los ejercicios pares, lo consideramos "un grupo" que nos permite rellenar de color la casilla correspondiente del dibujo final. Si nos sobran puntos, lo tenemos en cuenta para obtener el siguiente "Grupo de 4". Por ejemplo si se valoran con 5 puntos cada uno de los ejercicios 2, 4, 6, y 8, pondré un 1 en la casilla "Grupos de 4" correspondiente al ejercicio 2 (me sobrará 1 punto). Pondré un 2 en la casilla correspondiente al ejercicio 4 (me sobrarán 2 puntos). Pondré un 3 en la casilla correspondiente al ejercicio 6 (me sobrarán 3 puntos). Pondré un 5 en la casilla correspondiente al ejercicio 8 (me sobraban 3 puntos de las casillas anteriores, que con los 5 de la valoración del ejercicio 8 hacen ocho, es decir dos "Grupos de 4". En la carrera ya podré tener coloreados los tramos de camino hasta el 5.

Coloca aquí los puntos que te van poniendo en los ejercicios (de 1 a 6 puntos cada vez).
Cada 4 puntos avanzas una casilla en el camino de la página siguiente. Coloréalas según vas avanzando.

| Ejercicio | Puntos | Grupos de 4* | Ejercicio | Puntos | Grupos de 4* | Ejercicio | Puntos | Grupos de 4* |
|---|---|---|---|---|---|---|---|---|
| 2 | | | 30 | | | 58 | | |
| 4 | | | 32 | | | 60 | | |
| 6 | | | 34 | | | 62 | | |
| 8 | | | 36 | | | 64 | | |
| 10 | | | 38 | | | 66 | | |
| 12 | | | 40 | | | 68 | | |
| 14 | | | 42 | | | 70 | | |
| 16 | | | 44 | | | 72 | | |
| 18 | | | 46 | | | 74 | | |
| 20 | | | 48 | | | 76 | | |
| 22 | | | 50 | | | 78 | | |
| 24 | | | 52 | | | 80 | | |
| 26 | | | 54 | | | 82 | | |
| 28 | | | 56 | | | 84 | | |

SALIDA
META
1
2
3